Meinen lieben Eltern

in dankbarer Verehrung gewidmet.

Inhaltsverzeichnis.

§ 1.

I. Einleitung.

Von allen irdischen Gewalten, denen der Mensch mit seinem Dichten und Trachten, seinen Werken und Thaten, unterworfen ist, ist keine einflussreicher und wirksamer als die Zeit, die mit ihrem rauschenden Strom alles übertönt, und der nichts zu widerstehen vermag. Demgemäss können sich auch die Rechtsverhältnisse ihrer Wirkung nicht entziehen, und zwar beeinflusst diese die Zeit in doppelter Beziehung, nämlich einmal als Zeitpunkt und sodann als Zeitraum. Als Zeitpunkt bestimmt sie den Rechtsgeschäften Anfang oder Ende, oder sie versieht eine gewisse Handlung mit einer juristischen Wirkung; man nennt diese Zeitpunkte Termine. Die Termine sind im Rechtsleben, sowohl im materiellen wie im prozessualen Rechte, von der allergrössten Bedeutung, da sowohl die Einhaltung wie Nichteinhaltung derselben mit den wichtigsten Rechtsfolgen, Vorteilen wie Nachteilen, verknüpft ist. Als Zeitraum wirkt die Zeit wieder in zweifacher Hinsicht, nämlich in der Verjährung und der Befristung, zwei juristischen Phänomenen, die ihrem äusseren Wesen nach sehr ähnlich zu sein scheinen, bei intensiver Betrachtung aber eine Reihe von wesentlichen Unterschieden ergeben. Bevor wir auf diese Unterschiede der beiden Rechtsinstitute des näheren eingehen, wollen wir sie vorher mit kurzen Worten ihrem Begriff und Wesen nach gegenüberstellen.

II. Allgemeiner Begriff

§ 2.

1. der Verjährung.

Die Verjährung ist ein Rechtsgebilde, das gemeinrechtliche Theoretiker aus ganz verschiedenen Quellenbegriffen zusammengewürfelt, indem sie diese durch Abstraktion unter ein gemeinsames Schema gebracht haben. Mit der Verjährung der actiones, der Klagen- oder besser gesagt Anspruchs-Verjährung[1]), die darin besteht, dass Ansprüche, die infolge von Unthätigkeit des Berechtigten während einer bestimmten Zeit nicht geltend gemacht werden, aufgehoben werden, haben sie den Untergang der Servituten infolge Nichtgebrauchs zu dem gemeinsamen Begriff der erlöschenden Verjährung oder praescriptio exstinctiva, auch Exstinctiv-Verjährung genannt, verbunden und diese mit der Ersitzung, dem Eigentumserwerb infolge gesetzlich bestimmte Zeit hindurch fortgesetzten Besitzes, die sie unter den Begriff erwerbende Verjährung, praescriptio acquisitiva oder Acquisitiv-Verjährung gestellt haben, unter den gemeinsamen Namen Verjährung gebracht. Diese Generalisierung der verschiedenen Begriffe, von der die Quellen nichts gewusst haben, beruhte auf der Erwägung, dass es sich bei allen drei Instituten um Verlust des Rechtes infolge Nichtgeltendmachung von seiten des Berechtigten während einer bestimmten Zeit handelt, dass Zeitablauf und Nichtgebrauch ihnen allen gemeinsam sind. Man hat bei dieser Konstruktion, die zuerst von den

---

1) da die römische Bezeichnung actio die rechtliche Zuständigkeit nach l. 51 D. 44, 7 „nihil aliud est actio quam jus, quod sibi debeatur, iudicio persequendi" bezeichnet, die unserem Worte „Anspruch" entspricht, und da die Verjährung mithin nicht nur das Klagerecht, sondern die Berechtigung selbst, den Anspruch, trifft; vgl. Windscheid, Lehrbuch des Pandektenrechts Bd. I § 44 u. 106. Der Ausdruck „Rechts-Verjährung" ist nicht zu empfehlen, da die dinglichen Rechte durch die Verjährung nicht berührt werden, die Bezeichnung „Schuld-Verjährung" aus dem Grunde, weil man unter Schuld gewöhnlich nur die obligatorischen, nicht auch die dinglichen Ansprüche versteht.

Glossatoren versucht wurde, übersehen, dass in der Anspruchs-Verjährung und dem Untergang der Servituten infolge Nichtgebrauchs völlig fremde Dinge zusammengeworfen sind, da durch die Anspruchs-Verjährung nur der Anspruch verloren geht, während im andern Falle das Recht selbst erlischt, dass ferner Verjährung und Ersitzung gänzlich verschiedene Institute sind, insofern als es sich bei der Ersitzung nicht um die Verjährung eines Rechts, sondern um den Erwerb eines solchen handelt, wenn diesem auch naturgemäss der Verlust des Rechts auf der anderen Seite gegenübersteht; es handelt sich bei der Ersitzung nicht um eine rechtsvernichtende, sondern rechtserzeugende Thatsache, es handelt sich um ein Recht, das mit einem entgegenstehenden Rechte kollidiert und dasselbe aufhebt. Nicht die Verjährung also ist es, durch die das gegenteilige Recht untergeht, sondern das Recht des Ersitzenden, das seinem Fortbestehen ein Ende macht, nicht in der Nachlässigkeit des Berechtigten, sondern in der Thätigkeit des Ersitzenden ist die Änderung des Rechts zu erblicken. Diese Zusammenfassung unter denselben Gattungsbegriff hat denn auch die nachteiligsten Folgen gehabt, indem man die Grundsätze und Regeln des einen Instituts auf das andere übertragen wollte. Sie behauptete sich lange Zeit hindurch in der Wissenschaft und verschaffte sich auch Eingang in die Gesetzbücher. Das preussische Landrecht behandelt die Verjährung im 9. Titel des ersten Teils unter den Erwerbsarten des Eigentums und überschreibt den 9. Abschnitt „Von der Verjährung", den es in Verjährung durch Nichtgebrauch und Verjährung durch Besitz scheidet, nachdem vorher allgemeine Grundsätze der Verjährung behandelt werden; auch der code civil und das österreichische bürgerliche Gesetzbuch haben sich vom dem Fehler nicht freimachen können.

Neuerdings jedoch ist Savigny gegen die Generalisierungsmethode energisch aufgetreten und hat die Wissenschaft wieder in die alten Bahnen geleitet. Wenn auch heute noch gemeinrechtliche Schriftsteller an der Verallgemeinerung festhalten, so haben doch die neueren Gesetze, wie das sächsische bürgerliche Gesetzbuch und das bürgerliche Gesetzbuch für das deutsche Reich, die bisherige Methode fallen lassen und die einzelnen Institute gesondert und völlig unabhängig von einander behandelt, wie denn die Motive zum bürgerlichen Gesetzbuch für das deutsche Reich besonders erwähnen, dass zwischen Ersitzung und Anspruchs-Verjährung geschieden sei, während das Erlöschen von Rechten an Sachen durch Nichtgebrauch überhaupt keine Anwendung gefunden habe, da die Rechtsbildungen so verschieden seien, dass sie überhaupt keine einheitliche Behandlung gestatteten [1]).

Demgemäss sollen auch in dieser Untersuchung die nicht zusammengehörigen Institute getrennt werden, sodass unter Verjährung nur die Anspruchs-Verjährung verstanden wird.

§ 3.

2. der Befristung.

Die eben dargestellte Verallgemeinerung verschiedener Begriffe erfuhr im Laufe der Zeit noch eine Erweiterung, man fasste nämlich die Verjährung so weit, dass man auch die Befristung darunter verstand, sodass man von einer praescriptio legalis, judicialis, conventionalis und testamentaria sprach. Eine genaue Betrachtung des § 500, I, 9 des preussischen Landrechts wird ergeben, dass unter ihn nicht nur die Fälle der Verjährung, sondern auch Fälle der Befristung gehören. Es fragt sich, was unter Befristung zu verstehen ist. Die Befristung bestimmt entweder einem vorhandenen Rechte sein Dasein oder gewährt einen gewissen Zeitraum zur Vornahme einer Handlung, durch die ein bestimmtes Recht begründet oder ein bestehendes erhalten wird. Analog der Einteilung der Bedingungen scheidet man die Befristungen in aufschiebende und auflösende, je nachdem der Anfangs- oder Endtermin eines Rechts oder einer Befugnis bestimmt wird; man nennt den ersteren dies a quo, letzteren dies ad quem; übrigens sind diese Bezeichnungen nicht quellenmässig; es heisst in den Quellen ex die

1) s. Bd. I S. 289.

und ad diem. Eine allgemeine Behandlung nach generellen Rechtsregeln kann der Befristung nicht zuteil werden, da die einzelnen Fristen zu verschiedenartig und zu wenig miteinander verwandt sind. Man unterscheidet vertragsmässige Fristen, die von den Parteien vereinbart, testamentarische, die im Testament bestimmt, richterliche, die vom Richter innerhalb seiner Amtsbefugnisse zur Vornahme von Handlungen dekretiert, gesetzliche, die vom Gesetze statuiert werden, gemischte Fristen endlich sind diejenigen, die vom Gesetz nur im allgemeinen und nicht des näheren bestimmt sind, sondern die Festsetzung im speziellen Falle dem Richter überlassen. Grawein zählt in seiner Abhandlung über „Verjährung und gesetzliche Befristung“[1]) fünf verschiedene Fälle auf, in denen nach Ablauf einer bestimmten Zeit ein Recht untergeht und nennt sie neben der Verjährung und Ersitzung Vermutungsfristen, deren Ablaufen nach einer gewissen Zeit infolge gesetzlicher Bestimmung vermutet werden soll, eine solche Frist enthält z. B. das preussische Landrecht I, 9 § 71, wonach der Finder, der den Fund über 4 Wochen verschweigt, die Vermutung gegen sich hat, er sei unredlicher Besitzer, die Rechtstemporalität oder Legalbefristung, bei der „die Zeit das Mass bildet für die Dauer der Wirkungen einer rechtserzeugenden Thatsache“[2]) und bei der ein bestehendes Recht mit dem Ablaufe der Frist wegen Nichtausübung des Berechtigten erlischt, endlich die materiellrechtlichen Präklusivfristen, die sich nach Graweins Ansicht von den Rechtsfristen dadurch unterscheiden, dass mit ihrem Ablauf nicht wie dort ein bestehendes Recht endet, sondern ein „im Zuge befindliches“[3]) Recht vereitelt wird; bei der materiellrechtlichen Präklusivfrist müssen Handlungen vorgenommen werden, die mit einer juristischen Wirkung erst dann versehen werden, wenn sie in der bestimmten Frist geschehen. Grawein zählt unter diese Kategorie die Fristen der Art. 19, 31, 41, 43, 45, 62, 99 der allgem. deutschen

1) s. S. 22 ff.
2) Grawein a. a. O. S. X.
3) Grawein a. a. O. S. 35.

Wechsel-Ordnung. Wenn auch zuzugeben ist, dass die angegebenen Fristen zu den Präklusivfristen gehören, so muss man doch Strohal[1]), der zuerst in einer Widerlegung gegen Grawein den Begriff der Präklusivfrist schärfer präzisiert hat, zustimmen, dass Grawein den Begriff der Präklusivfrist nicht erkannt und nicht richtig fixiert hat, und dass ein grosser Teil der Fristen, die Grawein als Rechtsfristen hingestellt hat, in Wirklichkeit zu den Präklusivfristen gehören. Strohal weist an einer Reihe von Beispielen nach, dass es Präklusivfristen giebt, wo schon während der Frist ein Recht besteht, das mit Ablauf desselben wegen Nichtvornahme jener Handlung, die in der Frist zu erfolgen hat, zu Grunde geht, und dass das Recht über die Frist hinaus fortdauert, wenn nur während der bestimmten Zeit die betreffende Handlung vorgenommen wird, so z. B. die dreimonatliche Frist der §§ 8, 9 des Reichspatentgesetzes vom 7. April 1891, binnen der die Patentgebühren zu zahlen sind, widrigenfalls das Patentrecht erlischt, während bei der Rechtsbefristung, wie den Fristen des Urheberrechts, das Recht mit Ablauf der Frist untergeht. Gerade die Präklusivfristen sind es, die vor der Verjährung schwer zu unterscheiden sind — so sagen auch die Motive zum Entwurf eines bürgerlichen Gesetzbuchs für das deutsche Reich I. S. 292: „Streng auseinander gehalten ist die Anspruchs-Verjährung und die präklusive Befristung“ — nicht die Rechtsfristen, wie Grawein meint, doch da praktisch die Grundsätze der Rechtsfristen im allgemeinen auch auf die Präklusivfristen Anwendung finden und nicht den Grundsätzen der Verjährung unterliegen, so ist doch der Ansicht Strohals nicht beizustimmen, dass Grawein sein Problem nicht gelöst habe, und dass ihm nur das Verdienst gebühre, die Notwendigkeit der Lösung dieses Problems zuerst eindringlich betont zu haben. Wenn andere Schriftsteller wie Dernburg[2]) von der Rechtsbefristung die Klag-

---

1) in Grünhuts Zeitschrift für das Privat- und öffentliche Recht Bd. 9 S. 61 ff.

2) Dernburg, Preuss. Privatrecht I. 5. Aufl. S. 372.

befristung scheiden, so verstehen sie darunter auch die präklusivische Befristung, der gerade eigentümlich ist, dass die Unterlassung der Klageerhebung in der bestimmten Frist den Untergang des Rechtes nach sich zieht. Neben gesetzlichen Präklusivfristen giebt es auch vertragsmässige, die durch die Parteien vereinbart werden, wie die Fristen der Versicherungsverträge, neben den materiellrechtlichen prozessuale, die aber nicht die Befristung eines materiellen Rechts, sondern die Befristung der Geltendmachung einer prozessualen Befugnis statuieren; letztere kommen natürlicherweise in unserer Abhandlung nicht in Betracht, da die Befristung der Verjährung, die ein Institut des materiellen Rechts ist, gegenübergestellt werden soll.

III. Unterschied zwischen Verjährung und Befristung.

§ 4.

1. Geschichtliche Entwicklung.

Der Unterschied zwischen Verjährung und Befristung ist nicht im modernen Recht zum erstenmal aufgetaucht, sondern bereits im alten römischen Recht hat man in prätorischen und ädilizischen actiones, besonders den Pönalklagen, eine Befristung erblickt. Donellus war der erste, der die Aufmerksamkeit auf den Gegensatz der actiones temporales, jener Klagen, die durch die Formel „intra annum judicium dabo“ gegeben wurden und der actiones perpetuae, die nicht wie diese in ihrer zeitlichen Geltendmachung eingeschränkt waren, hingelenkt. Er fand den wichtigsten Unterschied in beiden Klagarten darin, dass die actiones temporales ipso jure mit Ablauf der Frist erlöschen, was übrigens mit den Quellen im Widerspruch steht, die ausdrücklich sagen, dass die Verjährung durch eine annua exceptio geltend gemacht wird l. 30 § 5 D. 15, 1, und dass diese vom Richter ex officio zu berücksichtigen seien, während die actiones perpetuae nur ope exceptionis wirkten, d. h. dass mit diesen die Parteien nur dann vom Richter abzuweisen seien, wenn ihre Verjährung durch die Gegenpartei einredeweise vorgebracht würde. Auf diesen Fundamenten baute Fick weiter, er bezeichnet in seiner Dissertation „Quid intersit, quoad vim tempore in jus exercitam, inter exceptionem temporis actionibus perpetuis opponendam et alias quas dicunt temporis praescriptiones“ einen weiteren Unterschied zwischen beiden Klagarten darin, dass im Gegensatz zu den actiones perpetuae, bei denen der Ablauf der Zeit durch die Gegenpartei zu beweisen sei, mit dem Vorbringen der actiones temporales die Partei selbst zu beweisen habe, dass die zur Geltendmachung bestimmte Frist noch nicht abgelaufen sei, wenn die Gegenpartei dieses behaupte. Fick hob weiter hervor, dass bei den actiones temporales keine Naturalobligation als Residuum zurückbleibe. Demelius endlich wies in seinen „Untersuchungen aus dem römischen Civilrecht“ darauf hin, dass die Gründe, die die Verjährung unterbrechen, auf die actiones temporales diese Wirkung nicht auszuüben vermöchten. Wenn auch heute vielfach geleugnet wird, dass die actiones temporales wirklich einen Fall der Befristung bilden, — im Rahmen dieser Untersuchung kann auf diese Streitfrage nicht eingegangen werden, da sie zuweit von der eigentlichen Aufgabe abführen würde und auch heute nicht mehr praktisch ist, sintemal durch die Anspruchs-Verjährung des Theodosius die actiones temporales und perpetuae mit einander verschmolzen sind, sodass im justinianischen Recht dieser Unterschied gar nicht mehr vorhanden ist — so ist doch soviel sicher und wird sich noch im Laufe dieser Abhandlung ergeben, dass gerade die vorgebrachten Unterscheidungsgründe auch heute zum Teil die hauptsächlichsten Kriterien abgeben für die Verschiedenartigkeit der Verjährung und Befristung. An die Untersuchungen von Donellus, Fick und Demelius hat Grawein neuerdings angeknüpft und gezeigt, dass all die Fälle, in denen mit Ablauf bestimmter Zeit wegen Unthätigkeit des Berechtigten Rechte untergehen, nicht den Grundsätzen der Verjährung unterliegen, sondern dass sich zwei Phänomene mit scharf ausgeprägten charakteristischen Unterscheidungsmerkmalen gegenüberstehen: Verjährung und Befristung.

2. Allgemeiner Unterschied.

§ 5.

a) Begrifflicher Unterschied.

Gehen wir nun zu den allgemeinen Unterschieden über, und betrachten wir hier zunächst den Gegensatz seiner begrifflichen Verschiedenartigkeit nach, so werden wir leicht bemerken, dass das Moment der Zeit bei beiden Instituten eine ganz verschiedene Rolle spielt. Die Rechte, die durch die Verjährung entkräftet werden, sind darauf angelegt und haben die Kraft in sich, in die Ewigkeit hinein zu wirken; sie sind also nicht von vornherein an eine bestimmte Frist gebunden, sondern sie sind zu immerwährender Existenz befähigt und gehen nicht unter, wenn nicht ein zweites Moment zu dem Zeitablauf hinzutritt, die Unthätigkeit des Berechtigten.

Ganz anders geartet sind die befristeten Rechte. Sie sind von Hause aus an eine bestimmte Zeitdauer gebunden, die sie nicht zu überdauern vermögen, schon von ihrer Geburt an tragen sie den sichern Todeskeim in sich; mit dem Ablauf der Frist hat auch das Recht ein Ende, sei es nun, dass es ausgeübt ist, oder nicht. Der Zeit verdankt es also Anfang und Ende, an die Zeit ist seine ganze Existenz gebunden, treffend und prägnant bezeichnet daher Grawein hier das Verhältnis von Zeit und Recht mit dem Satze: „Wieviel Frist, soviel Recht“ [1]). Bei der präklusivischen Befristung muss die betreffende Handlung während der Frist vorgenommen werden, um die juristische Wirkung nach sich ziehen zu können; wird die Vornahme während der Frist unterlassen, so ist auch hier der blosse Ablauf der Zeit entscheidend, durch ihn wird der Berechtigte mit der Vornahme der Handlung ausgeschlossen, und die betreffende Rechtsfolge tritt nicht ein, — so geht nach Art. 31 W.O. der wechselmässige Anspruch gegen Indossanten und Aussteller zu Grunde, wenn der auf Sicht gestellte Wechsel nicht nach

---

1) Grawein a. a. O. S. 25.

Massgabe der besonderen im Wechsel enthaltenen Bestimmungen und in Ermangelung derselben binnen zwei Jahren nach der Ausstellung zur Zahlung präsentiert worden ist — oder das bereits bestehende Recht, wie das oben schon erwähnte Patentrecht erlischt, sodass also auch hier die Zeit allein die vernichtende Wirkung ausübt. Wird jedoch die Handlung während der Frist vorgenommen, so vermag hier das bereits bestehende oder durch Vornahme der Handlung ins Leben tretende Recht die Frist zu überdauern.

Es ergiebt sich schon aus dieser Distinktion von selbst, dass auch das zweite Moment einen ganz verschiedenen Effekt ausübt, nämlich die Unthätigkeit des Berechtigten, die in der Wissenschaft und Praxis gewöhnlich als Nichtausübung bezeichnet wird. So definiert z. B. Baron[1]) die Klagen-Verjährung als „Untergang des Klagrechts infolge seiner Nichtausübung während einer gesetzlich bestimmten Zeit“. Der § 500, I, 9 des preussischen Landrechts lautet: „Wenn durch den Ablauf einer bestimmten Zeit wegen unterlassener Ausübung gewisser Rechte eine Veränderung an diesen Rechten vermöge der Gesetze entsteht, so ist eine Verjährung vorhanden.“ Die Bezeichnung „Nichtausübung“ ist aber eine völlig unrichtige, sonst müsste man in allen jenen Anerkennungshandlungen des Schuldners, wie Pfand- oder Bürgschaftsstellung, Zinsengeben etc. entweder Akte der Rechtsausübung des Berechtigten sehen, was doch ernstlich niemand annehmen kann, oder man müsste ihnen rechtserzeugenden Effekt beilegen, was noch unhaltbarer ist. Die Bezeichnung „Nichtausübung“ steht auch im völligen Widerspruch mit den Quellen, die von juge silentium, diuturnum silentium etc., also von ewigem Stillschweigen reden, so z. B. l. 3 § 1 C. 7, 39 „Quae ergo ante non motae sunt actiones, triginta annorum jugi silentio, ex quo competere jure coeperunt, vivendi ulterius non habeant facultatem.“ Da die Unthätigkeit des Berechtigten nicht nur in der Nichtausübung seines Rechts, sondern hauptsächlich in der Nichtvornahme der Anerkennungshandlungen seitens des Schuldners

1) Pandekten S. 169.

besteht, durch die die Verjährung immer unterbrochen wird und wieder von neuem zu laufen beginnt, so will Grawein[1]) die hergebrachte Definition ausmerzen und in der Wissenschaft durch folgende ersetzt sehen: „Verjährung ist die Aufhebung eines Anspruchs infolge der während eines gewissen Zeitraums unterbliebenen Vornahme jener Akte, welche die Rechtsordnung als Unterbrechungsgründe der Verjährung bezeichnet.“ Als Erklärung des Gesetzes schlägt er folgende vor: „Verjährung ist die Aufhebung eines Anspruchs, welche eintritt, wenn der Berechtigte während eines gewissen Zeitraums Stillschweigen beobachtet hat.“ Wenn auch in dieser Erklärung das Wort Stillschweigen nicht genug markierend und präzisierend ist, so ist sie doch immer eher anzunehmen, als die erstere, die Grawein in der Wissenschaft angewandt sehen möchte. In dieser ist, wie Krasnopolski[2]) treffend hervorhebt, einmal das zu Definierende in der Definition selbst enthalten und zweitens die Bezeichnung „Aufhebung des Anspruchs“ nicht zu billigen, weil bei den obligatorischen Ansprüchen nach einer allerdings irrigen, aber von Grawein acceptierten Ansicht eine Naturalobligation zurückbleibt. Auch ist darauf aufmerksam zu machen, dass die Vornahme jener Akte, von der in der ersten Definition die Rede ist, abgesehen von der Klage und ihren Surrogaten, wie Anmeldung im Konkurse etc., in Handlungen der Anerkennung des Schuldners besteht, sodass die Thätigkeit respektive Unthätigkeit nicht so sehr im Verhalten des Berechtigten, als in dem des Verpflichteten zu erblicken ist; die Definition des Gesetzes, die den Untergang des Anspruchs nur von dem Stillschweigen des Berechtigten abhängig macht, ist daher ebenfalls zurückzuweisen. Eine passende Erklärung zu geben, ist in diesem Falle sehr schwer, vielleicht dürfte sich folgende empfehlen: Verjährung ist die Entkräftung eines Anspruchs infolge einer gewissen Unthätigkeit des Berechtigten und Verpflichteten während einer bestimmten Zeit. Die falsche Definition ist nicht nur im theoretischen Interesse

1) a. a. O. S. 55.

2) s. Krit. Vierteljahrsschrift Bd. IV 3. Heft S. 360.

zu verwerfen, sondern sie ist auch praktisch mit den wichtigsten Folgen verknüpft; denn fasste man die Unthätigkeit als Nichtausübung auf, so stünden all die Fälle der Verjährung, in denen die Rechte nur eine einmalige Geltendmachung des Anspruchs zulassen und durch diese konsumiert werden, der Befristung völlig gleich, ihre Grenzen verwischten sich dann gänzlich, denn die Rechte, die nur einmal ausgeübt werden können, müssten dann entweder durch diese Ausübung oder aber mit Ablauf der Verjährungszeit infolge von Nichtausübung untergehen, während sie durch die Vornahme gewisser Akte erhalten bleiben und dadurch immer neue Kraft bekommen, die Verjährungszeit zu überdauern.

Wie steht es nun mit der Unthätigkeit bei der Befristung? Bei der Legalbefristung ist, wie oben gesagt, das Recht an eine bestimmte Zeitdauer gebunden, die Zeit allein bereitet ihm sein Ende, da es nicht die Kraft in sich hat, über den bestimmten Zeitpunkt hinaus fortzudauern, die Ausübung oder Nichtausübung vermag das Recht nicht länger zu erhalten, da die eigene innere Schwäche es nicht zu längerer Existenz befähigt, sie vermögen überhaupt keinen Einfluss auf den Bestand und Untergang des Rechts auszuüben. Nur die befristeten Rechte, deren Konsumtion durch einmalige Ausübung erfolgt, erlöschen entweder durch Ausübung während der Frist oder infolge Nichtausübung mit Ablauf der Frist. In diesem Falle muss also die Nichtausübung zum Zeitablauf hinzukommen, da sonst das Recht schon vorher durch Konsumtion erlischt. Auch bei der Präklusivbefristung ist die Nichtausübung, die hier aber als Nichtvornahme der betreffenden Handlung zu bezeichnen ist, notwendig, damit das Erlöschen des Rechts oder der Befugnis mit dem Ablauf der Frist zusammenfällt.

Zeit und Unthätigkeit des Berechtigten unterscheiden sich demnach in ihrem Zusammenwirken bei Verjährung und Legalbefristung insofern, als bei der Verjährung die Zeit das „Mass bildet für den das Recht aufhebenden Thatbestand“, bei der Befristung das „Mass für das untergehende Recht selbst“. Den Untergang des Rechts bewirkt also bei der Verjährung die Unthätigkeit und die Zeit tritt nur hinzu, um das Mass derselben zu bestimmen, bei der Befristung hingegen verdankt das Recht seine Alterierung dem Zeitablauf, und die Unthätigkeit d. h. hier die Nichtausübung tritt nur charakterisierend hinzu; bei der präklusivischen Befristung hat allerdings die Nichtausübung zum Zeitablauf hinzuzutreten, um den Untergang des Rechts oder der Befugnis herbeizuführen.

§ 6.

b) Unterschied im rechtspolitischen Grunde.

Nachdem im vorigen Paragraphen die allgemeinen Unterschiede ihrem Begriff und Wesen nach dargestellt sind, haben wir uns nunmehr mit der Frage zu beschäftigen, welches ist der Grund, die Lebensfähigkeit der Rechte zu beschränken, warum zieht die eine bestimmte Zeit hindurch fortgesetzte Unthätigkeit den Verlust der Rechte nach sich, und welches ist der rechtspolitische Zweck beider Rechtsinstitute, der den Gesetzgeber veranlasst, das Recht hier durch Verjährung, dort durch Befristung endigen zu lassen?

Die Verjährung dient vor allem der Sicherheit des Verkehrs. Wohin sollte es führen, wenn beispielsweise der Kommodant, der dem Kommodatar eine Sache geliehen und sich dreissig Jahre um sein Rückforderungsrecht nicht gekümmert hat, noch nach einer weiteren langen Reihe von Jahren die Sache, die inzwischen schon durch tausend Hände gegangen sein mag, zurückfordern könnte, wenn nicht die Verjährung seinem Anspruche nach einer bestimmten Zeit die Existenzberechtigung abschneiden würde! Sie beseitigt so die Ungewissheit, die ohne sie in allen Vermögensverhältnissen herschen würde; schon in den Quellen [1]) ist dieser Zweck angedeutet, wenn sie die Ersitzung, die auf demselben Rechtsprinzip wie die Verjährung beruht, als finis sollicitudinis ac periculi litium bezeichnen.

Diese Hebung der allgemeinen Verkehrssicherheit hat zugleich die Minderung der Prozesse zur Folge, was auch

---

1) s. Cicero pro Caecina.

schon von den Römern richtig erkannt ist, wie aus der l. 2 pr. D. 39, 3 hervorgeht, in der der Zweck der vetustas, eines Instituts, das der Verjährung nahe verwandt ist, mit den Worten fixiert wird „minuendarum scilicet litium causa".

Wenn vielfach als Grund der Verjährung die Strafe der Nachlässigkeit, die poena negligentiae, in Anlehnung an die l. 1 C. 7, 40 „ut . . . sit aliqua inter desides et vigilantes differentia" und an einige andere ähnlich lautende Quellenstellen angegeben wird, so soll damit nicht gesagt sein, dass der Berechtigte, der seinen Anspruch während der bestimmten Zeit nicht geltend macht, dafür eine Strafe zu erleiden habe, indem er nunmehr seines Anspruchs verlustig geht, sondern dass der Vorwurf derjenigen, die sich über den Verlust ihres guten Rechts beklagen, durch den Hinweis auf ihre andauernde Nachlässigkeit zurückzuweisen ist, „cum sufficeret dominis ad inquirendas res suas statuti temporis spatium" l. 1 D. 41, 3; an eine Bestrafung kann deshalb nicht gedacht werden, weil durch die Unthätigkeit kein öffentliches Interesse verletzt wird und weil dem Staat nicht daran gelegen sein kann, wegen Nichtgeltendmachung eines civilrechtlichen Anspruchs eine Strafe zu statuieren.

Man nimmt eben zu Ungunsten des Berechtigten an, dass ein Anspruch, der verjährt ist, auch bereits auf ein oder die andere Weise geltend gemacht ist, dass das zu Grunde liegende Recht nicht mehr existiert, und dass der thatsächliche Zustand rechtmässigerweise ohne Verletzung fremder Rechte bestehe. Mit Recht redet daher Savigny[1]) von einer „Präsumtion der Tilgung des Rechts".

Im Gegensatz zur Verjährung, bei der die Zeit den legislativen Zwecken gemäss auf einen längeren Zeitraum bemessen wird, und zwar gewöhnlich auf 30 bis 40 Jahre entsprechend dem Durchschnittsalter des Menschen, setzt die Befristung den Rechten eine meist kürzere und viel energischere Grenze, da sie nicht all die Unterbrechungsgründe kennt wie die Verjährung, die das Recht immer wieder von neuem entstehen lassen und sein Ende immer wieder in

1) System Bd. IV S. 268.

weite Ferne rücken. Der rechtspolitische Zweck, der den Gesetzgeber im einzelnen Falle veranlasst, eine Befristung zu statuieren, ist ganz anderer Natur, da hier nicht die Sicherheit des Verkehrs oder die poena negligentiae, sondern die verschiedenartigsten und mannigfaltigsten andern Gründe eine Rolle spielen.

Die Unthätigkeit des Berechtigten, seinen Anspruch geltend zu machen, verdankt ihre Ursache häufig dem Mangel an Interesse. Nicht jede Benachteiligung, die mir widerrechtlich zu teil geworden ist, werde ich gegen den Verpflichteten benutzen, mit Recht wird darum der Gesetzgeber meinem Rechte enge Grenzen ziehen, über die hinaus ihm jede Existenz versagt ist. Auch zahlreiche andere Gründe wie befreundete oder verwandte Beziehungen zur Person des Verpflichteten, die Furcht, mich lächerlich zu machen oder mein Ansehen in der öffentlichen Meinung zu untergraben etc., werden nicht selten die Unthätigkeit veranlassen.

Doch mehr als die Person des Berechtigten bestimmt den Gesetzgeber die Person des Verpflichteten. Es würde zu den unleidlichsten Konsequenzen führen, wenn seine Gebundenheit in vielen Fällen nicht nach kurzer Frist gelöst würde, wenn er noch ewig vom Berechtigten in Anspruch genommen werden könnte, sobald dieser nur die Laune dazu verspürte, wenn beispielsweise der Käufer noch nach hundert Jahren die Beschaffenheit der Ware rügen und gegen den Verkäufer geltend machen könnte[1]).

Nicht minder kann dem öffentlichen und staatlichen Interesse die zeitliche Beschränkung des Rechts höchst erwünscht erscheinen; denken wir nur an den Vater, der nach einer Zahl von Jahren die Legitimität seines Kindes in Abrede stellen und dessen Erhaltung der Öffentlichkeit aufbürden, an den Ehemann, der aus Laune oder Willkür auf Scheidung der Ehe antragen könnte, trotzdem der Grund, der ihn dazu berechtigt hätte, seit langem weggefallen ist.

Diese Beispiele mögen genügen, zu beweisen, dass der legislative Zweck zur Statuierung der Befristung in den ver-

1) vgl. a. d. Hgb. Art. 349, 1.

schiedenartigsten Gründen wurzelt; eine einheitliche Theorie desselben lässt sich natürlicherweise nicht aufstellen.

3. Wirkung der allgemeinen Unterschiede im speziellen:

a) in Bezug auf den Lauf der bestimmten Zeit:

§ 7.

α) hinsichtlich der Hemmung.

Wenn im bisherigen Teile der Abhandlung die Unterschiede im allgemeinen, sowohl ihrem Begriff und Wesen nach wie auch hinsichtlich des legislativen Zwecks, zur Darstellung gelangt sind, so ist damit die Möglichkeit gegeben, eine Reihe von speziellen, praktischen Unterschieden zwischen Verjährung und Befristung aufzustellen, indem wir uns die Wirkung der prinzipiellen Unterschiede im einzelnen vor Augen führen und einer eingehenden Untersuchung unterwerfen.

Der Verjährung ist eigentümlich, dass der Lauf der Verjährungszeit in der mannigfachsten Weise eine Änderung erfahren kann, er kann gehemmt, unterbrochen wie auch teilweise vertragsmässig geändert werden. Die Hemmung bewirkt, dass die Verjährung nicht beginnen kann oder plötzlich zu laufen aufhört, und dass erst nach Wegfall des Grundes die Verjährung beginnen oder die schon vorher begonnene fortgesetzt werden kann. Da die Entkräftung des Anspruchs durch Verjährung infolge der Unthätigkeit des Berechtigten eintritt, und da die Zeit nur das Mass derselben bildet, so folgt daraus, dass die Verjährung nicht in den Fällen dem Berechtigten schaden kann, in denen seine Unthätigkeit durch irgend welche Gründe veranlasst, durch die er verhindert ist, seinen Anspruch geltend zu machen. Schon in den Quellen finden wir solche Hemmungsgründe erwähnt. Die Hauskinder, deren Adventicien der Nutzniessung und Verwaltung des Vaters zustehen[1]), die Unmündigen[2]), die sich nicht

1) l. 1 § 2 C. 7, 40.
2) l. 3 § 1 C. 7, 39.

selbst vertreten können, die Minderjährigen[1]), deren Selbstständigkeit auch erheblich eingeschränkt ist, sollen durch den Lauf der Verjährung nicht benachteiligt werden, solange daher die väterliche Gewalt, die Unmündigkeit oder Minderjährigkeit — letztere kommt aber nicht in Betracht bei der dreissigjährigen oder längeren Verjährung — dauert, ruht die Verjährung, praescriptio dormit, wie neuere Schriftsteller sagen. Auch der Eintritt eines justitium[2]), d. h. eines Stillstandes der Rechtspflege, wirkt auf den Lauf der Verjährung hemmend ein, ebenso feindlicher Einbruch[3]) und, insoweit Ansprüche der römischen Kirche in Betracht kommen, ein Schisma[4]). Wenn diese Privilegien auch vielfach beseitigt sind, wie beispielsweise das der Minderjährigen im Handelsgesetzbuch durch Art. 149, so finden sie sich doch, häufig sogar noch ausgedehnter, auch in den neueren Gesetzgebungen[5]).

Im Gegensatz zur Verjährung ist der Befristung der sichere Todestag bei ihrer Geburt bereits bestimmt, die Thätigkeit des Berechtigten vermag wenigstens bei der Legalbefristung die vernichtende Wirkung der Zeit nicht zu lindern, infolgedessen kann die Frist nicht durch Gründe gehemmt werden, die die Unthätigkeit rechtfertigen und die Geltendmachung des Rechts verhindern.

Auch der Unterschied im rechtspolitischen Grunde weist uns auf diesen Gegensatz hin. Mit der Statuierung einer Verjährung bezweckt der Gesetzgeber, um die Unsicherheit des Verkehrs zu beseitigen, den Berechtigten zur Entfaltung seiner Thätigkeit bei Verlust seines Rechts zu nötigen. Die Unthätigkeit, die ihm den Nachteil einbringt, muss natürlicherweise eine selbstverschuldete sein, darum muss er Mittel schaffen, den Verlust nicht eintreten zu lassen, wenn es dem Berechtigten wegen unverschuldeter Gründe nicht

1) l. 5 C. 2, 41.
2) c. 10 c. 14 X. 2, 26.
3) c. 13, 14 C. 16 qu. 3 und c. 10 X. 2, 26.
4) c. 14 X. 2, 26.
5) s. S. 38 ff.

möglich ist, sein Recht geltend zu machen; eben dazu schafft er die Hemmungsgründe.

Ganz anders geartet ist, wie schon oben erwähnt, der Zweck der gesetzlichen Befristung. Hier liegt dem Gesetzgeber vor allem daran, sei es im Interesse des Schuldners oder im öffentlichen Interesse das Recht des Gläubigers möglichst einzuschränken, was er nicht erreichen würde, wenn dem Berechtigten die verschiedenartigsten Hemmungsgründe ermöglichten, den Endtermin immer weiter hinauszuschieben. Allerdings können den Berechtigten auf diese Weise die grössten Nachteile treffen, doch dann hat der Gesetzgeber andere Mittel zu ersinnen, um dem in seinem Rechte Gefährdeten durch restitutio in integrum oder sonstwie zu Hülfe zu kommen. Bei der vertragsmässigen Befristung wird es natürlich auf den Willen und die Abmachungen der Parteien ankommen, ob sie die Ausdehnung der Frist infolge irgend welcher Gründe zulassen; in der Regel läuft auch hier die Frist unbeeinflusst von äusseren Umständen; so muss z. B. die kurze Frist, die in Versicherungsverträgen gewöhnlich zur Anmeldung des Brandes oder Unfalls statuiert wird, unbedingt gewahrt werden, da die Nichteinhaltung den Verlust des Versicherungsanspruchs zur Folge hat.

§ 8.

β) hinsichtlich der Unterbrechung.

Eine ähnliche Wirkung wie die Hemmung übt die Unterbrechung auf die Verjährung aus. Sie hebt die Verjährung völlig auf, sodass später nur eine ganz neue Verjährung beginnen, auf die also vor allem die früher verwirkte Verjährungszeit nicht angerechnet werden kann. Aus der Darstellung des Verjährungsbegriffes folgt unmittelbar, dass die Unterbrechung das wesentliche Charakteristikum der Verjährung repräsentiert. Die Unthätigkeit des Berechtigten bildet den Grund der Verjährung, demgemäss hört der Lauf der Verjährung auf, wenn der Berechtigte mit seiner Unthätigkeit aufhört, man sagt dann eben, die Verjährung wird unterbrochen.

Die Gründe, die die Unterbrechung veranlassen, die Unterbrechungsgründe, teilt man in zwei Kategorieen, von denen die erste die Klageerhebung und ähnliche gerichtliche Akte bilden. Was zunächst die Klage betrifft, so forderte das klassische Recht zur Unterbrechung den zweiseitigen Akt der Litiscontestation „quia post litem contestatam cum eo perpetuatur adversus eum obligatio“ l. 9 § 3 D. 12, 2. Das justinianeische Recht jedoch begnügte sich nach l. 7 pr. C. 7, 39: „sinon interruptum erit silentium, et lege cautum est, id est etiam per solam conventionem“ mit der Erhebung der Klage, so auch das heutige Recht gemäss § 239 der C.P.O. Dieselbe Wirkung wie die Klage vor dem ordentlichen Richter hat auch die Klage vor dem Schiedsgericht: „plenius tamen et generaliter definimus conventum in scriptis apud compromissum iudicem factum ita temporis interruptionem inducere, quasi in ordinario judicio lis fuisset inchoata“ l. 5 § 3 C. 2, 55. Auch die Zustellung des Zahlungsbefehls im Mahnverfahren ist nach § 633 C.P.O. unterbrechend, ebenso die Anmeldung der Forderung im Konkurse nach § 13 K.O., da sie die Klage vertritt. In einigen wenigen Gesetzgebungen wird sogar der Einleitung des Sühneversuchs unterbrechende Wirkung beigelegt, so im code civil Art. 2245 und im schweizerischen Gesetz über das Obligationenrecht Art. 154 Nr. 2. Die einseitige Mahnung des Gläubigers hat an und für sich keine unterbrechende Wirkung, da darin ebensowenig ein Surrogat der Klage wie eine Anerkennung des Schuldners liegt. Nicht unbestritten ist, ob die einredeweise Geltendmachung des Anspruchs auf den Lauf der Verjährung Einfluss ausübt. Wer gegen eine Klage eine Einrede vorbringt, benutzt diese nicht zum selbstthätigen Angriff, sondern nur zur Verteidigung, sonst hätte er die Einrede im Wege der Widerklage geltend machen müssen, folglich ist die Einrede nach gemeinem Recht nicht im stande, die Verjährung zu unterbrechen; neuere Gesetzgebungen haben ihr diese Wirkung allerdings beigelegt, wie das sächsische G.B. § 163 und das schweizerische Gesetz über das Obligationenrecht Art. 154, 2. Ist die Zustellung der Klage nicht möglich, so vertritt ihre Stelle die mündliche oder schriftliche Protestation vor Gericht oder vor der Ortsobrigkeit; ist auch diese nicht thunlich, so genügt auch der Anschlag einer vom Notar oder drei Zeugen unterschriebenen Protestation am Wohnorte des Gegners „si afuerit vel präses vel episcopus vel defensor[1]), liceat ei et proponere publice, ubi domicilium habet possessor, seu cum tabulariorum subscriptione vel, si civitas tabularios non habeat, cum trium testium subscriptione: et hoc sufficere ad omnem temporalem interruptionem.“ l. 2 C. 7, 40.

Welche Wirkung üben nun all diese Akte auf die Befristung aus? Da die Frist von Hause aus eine fest fixierte Lebenszeit hat, so ist die Klageerhebung nicht im stande, die Befristung zu unterbrechen. Durch die Klage wird das Recht konsumiert, der Anspruch wird geltend gemacht, und das kondemnatorische Urteil erzeugt jetzt ein neues Recht, das mit der actio judicati eingeklagt wird und das nicht befristet, sondern verjährbar ist; wird die Klage zurückgenommen oder abgewiesen, so vermag das alte Recht seinen dies supremus nicht zu überleben. Auch die verschiedenen anderen gerichtlichen Akte sind ebensowenig wie die Klageerhebung im stande, eine unterbrechende Wirkung auf die Befristung ausüben zu können, da mit dem Begriff der Befristung wegen der scharfen Limitierung die Verjährung sich nicht verträgt.[2])

1) An Stelle des episcopus vel defensor ist die Ortsobrigkeit gesetzt; vgl. Wächter, Württ. Privatrecht II. S. 817; Windscheid a. a. O. I. S. 353.

2) Zuweilen (vgl. Strohal a. a. O. Biermer, Frist und Verjährung S. 18) wird behauptet, dass auch bei der Befristung sowohl Hemmung wie Unterbrechung möglich sei. Hemmbar sei der Fristenlauf durch den Stillstand der Rechtspflege, unterbrechbar sei beispielsweise die Wechselfrist nach Art. 80 der W.O. durch die Streitverkündung und nach § 13 der K.O. durch Anmeldung der Forderung im Konkurse. Dagegen ist einzuwenden, dass von einem Stillstand der Rechtspflege in unserm geordneten und entwickelten Zeitalter gar keine Rede mehr sein kann, man könnte fast mit demselben Recht dem Untergang der Welt hemmende Wirkung beilegen. Jedenfalls lässt sich darauf nicht die Theorie aufbauen, dass auch die Befristung hemmbar sei. Wenn weiter als Beleg für die Unterbrechbarkeit die Wechselfrist des Art. 80 der

Die zweite Kategorie der Unterbrechungsgründe bilden die Anerkennungsakte, durch die der Schuldner die Schuld als bestehend anerkennt, sodass also von einer Präsumtion der Tilgung keine Rede mehr sein kann. Eine solche Anerkennung liegt in der Zinszahlung nach l. 8 § 4 C. 7, 39. „Exceptionem etiam triginta vel quadraginta annorum in illis contractibus, in quibus usurae promissae sunt, ex illo tempore initium capere sancimus, ex quo debitor usuras minime persolvit“, in der Zahlung eines Teiles der Schuld als Abschlagszahlung nach der l. 5 C. 8, 40, in der Ausstellung eines neuen Schuldscheins nach l. 7 § 5 C. 7, 39, in der Bürgschaft, Pfandstellung, in dem constitutum, dem wiederholten Zahlungsversprechen, und in der Anerkennung selbst. Die Unterbrechbarkeit durch die Anerkennungsakte ist, wie schon früher hervorgehoben, der Verjährung eigentümlich, gerade sie scheinen dem Recht den ewigen Bestand zu ermöglichen. Das constitutum hat neben der unterbrechenden ausserdem noch eine rechtserzeugende Wirkung, sodass es auch ein ganz neues Recht hervorruft, das mit der actio constitutoria geltend gemacht wird.

Dass die verschiedenen Anerkennungsakte auf die Befristung eine unterbrechende Wirkung nicht auszuüben vermögen, folgt schon unzweifelhaft aus der begrifflichen Entwicklung dieses Rechtsinstituts, mit vollem Recht kann daher Strohal[1]) sagen, dass die Nichtunterbrechbarkeit durch Anerkennung die Befristung von der Verjährung prinzipiell unterscheidet. Eine scheinbare Ausnahme von dieser Regel bildet das constitutum, aber nur eine scheinbare, denn dieses hat, wie schon vorher erwähnt, auch rechtserzeugende Kraft, sodass es auch bei der Befristung ein neues Recht hervorbringt, dessen dies ad quem mit dem Todestag des alten Rechts nichts zu thun hat und daher diesen völlig unberührt lässt. Daraus folgt, dass auch in dem Falle, dass das alte

W.O. angeführt wird, so ist dagegen hervorzuheben, dass diese Frist eine echte Verjährungsfrist ist, die auch vom Gesetze als Verjährung bezeichnet wird. Vgl. auch Staub, Kommentar zur a. d. W.O. S. 155.

1) a. a. O. S. 73.

Recht durch accessorische Rechte wie Bürgschaft oder Pfand gesichert ist, diese Rechte mit Untergang des alten Rechts ebenfalls erlöschen, während hingegen bei der Verjährung, auf die das constitutum auch unterbrechend einwirkt, auch die alten accessorischen Rechte bei Bestand bleiben.

§ 9.

γ) Hinsichtlich der vertragsmässigen Aenderung ihrer Dauer.

Wenn wir in den beiden vorigen Paragraphen untersucht haben, ob der Lauf der bestimmten Zeit gehemmt und unterbrochen werden kann, so wollen wir uns nunmehr noch kurz mit der Frage beschäftigen, ob derselbe auch eine vertragsmässige Aenderung zulässt. Nach der Ansicht Unterholzners[1]) und anderer Schriftsteller kann die Verjährung sowohl verlängert wie abgekürzt werden. Unterholzner begründet diese Behauptung damit, dass gemäss des prätorischen Versprechens „pacta conventa servato l. 7 § 7 D. 2, 14 die Verabredungen der Parteien zu berücksichtigen sind, und zwar sind sie gegen die Berufung auf die Verjährung mit der exceptio pacti geltend zu machen. Wenn auch die Verjährung im öffentlichen Interesse eingeführt, zum jus publicum zu gehören scheint, so hat sie doch hauptsächlich den Zweck, gegen veraltete Ansprüche zu schützen; auf diese Wohlthat kann naturgemäss durch Vertrag verzichtet werden. Als Beleg für diese Ansicht wird die Quellenstelle l. 31 § 22 D. 21, 1 ins Feuer geführt, in der gesagt wird, dass beim Kaufe die Parteien verabreden können, während einer vertragsmässig bestimmten Zeit den Kauf durch Redhibition rückgängig zu machen, während in Ermangelung dieser Abkunft durch das ädilizische Edikt eine Frist von sechzig dies utiles zur Redhibition statuiert wird.

Eine andere Meinung, die besonders von Savigny vertreten wird, steht auf gerade entgegengesetztem Standpunkte, hält also weder die Verlängerung, noch die Abkürzung

---

1) Ausführliche Entwicklung der gesamten Verjährungslehre Bd. I. § 28.

der Verjährung durch Vereinbarung der Parteien für möglich und wirksam. Diese Ansicht basiert hauptsächlich auf der Erkenntnis, dass die Verjährung ein öffentlich rechtliches Institut ist, das nach der Regel „Ius publicum privatorum pactis mutari non potest" l. 38 D. 2, 14 privater Abmachung nicht unterliegt.

Die dritte Ansicht, die zwischen den beiden vorigen zu vermitteln sucht, hält die Möglichkeit der Verlängerung der Verjährung für ausgeschlossen, ihrer Abkürzung dagegen für gültig. Diese Theorie, die besonders von Grawein in seiner schon öfter citierten Monographie verteidigt wird, halten wir für die richtige. Dass die Verjährung keine vertragsmässige Verlängerung zulässt, geht aus dem Begriff und legislativen Zweck deutlich hervor. Sie ist ein Institut, das im Interesse der Allgemeinheit eingeführt ist, ohne das von einer Sicherheit des Verkehrs, von einer geordneten Regelung der Rechtsverhältnisse gar keine Rede sein könnte; sie ist publici juris, der Staat hat das grösste Interesse daran, dass Ansprüche, die während einer bestimmten Zeit nicht geltend gemacht werden, erlöschen, er statuiert daher die Verjährungsfristen. Würde eine vertragsmässige Verlängerung derselben gestattet sein, so würde das ganze Institut seinem Zwecke nicht gerecht. Der Gläubiger würde eine Verlängerung der Verjährung ausbedingen, der Schuldner würde sich nicht weigern, auf diese Bedingung einzugehen, da er die Absicht hat, seiner Pflicht nachzukommen, seine Schuld zu erfüllen, und somit träten alle die Schattenseiten klar hervor, die eben durch die Verjährung beseitigt werden sollen. Die erste Ansicht, die dahin geht, dass eine Verlängerung der Verjährung durch Vertrag wohl möglich sei, übersieht, dass in der Quellenstelle, auf die sie sich stützt, es sich gar nicht um eine Verjährung handelt, wie schon von Savigny[1]) richtig nachgewiesen ist, da ein Klagerecht noch gar nicht entstanden, die actio noch nicht nata ist. sondern um die Interpretation eines unbestimmten Vertrages, Es soll also mit der Stelle gesagt werden, dass, falls die

---

1) System Bd. V S. 411 ff.

Parteien keine Zeit vertragsmässig bestimmen, während der die Auflösung des Kaufvertrags gestattet ist, dieses Schweigen so auszulegen sei, als ob eine Frist von sechzig dies utiles vereinbart sei.

Während also eine vertragsmäsige Verlängerung der Verjährung mit dem Begriff und Zweck derselben nicht vereinbar ist, kann die Möglichkeit einer vertragsmässigen Abkürzung sehr wohl zugestanden werden. Wenn auch Savigny zuzugeben ist, dass die Verjährung, wie schon erwähnt, zum jus publicum gehört, so ist doch damit nicht gesagt, dass deshalb eine vertragsmässige Abkürzung ausgeschlossen sei, sondern wir haben uns in erster Linie zu fragen, welchen Zweck der Gesetzgeber mit seiner Vorschrift zu erreichen sucht; dass dieser nicht durch Vertrag gefährdet werden kann, ist schon oben bei der Behandlung der Verlängerung hervorgehoben worden. Die Abkürzung aber steht dem Zweck der Verjährung nicht im Wege, im Gegenteil, sie kommt ihm sogar entgegen; durch den Vertrag wird die gesetzliche Verjährungszeit, mit deren Ablauf der Anspruch nicht mehr geltend gemacht werden kann, nur kürzer bemessen, während der wohlthätige Zweck und Erfolg in beiden Fällen dieselben bleiben, durch vertragsmässige Abkürzung werden sie nur schneller erreicht, eine Ausschliessung derselben würde dem Sinn und Zweck des Gesetzes nicht entsprechen.

Das gewonnene Resultat ist also folgendes: die vertragsmässige Verlängerung des Laufes der Verjährung ist möglich, die vertragsmässige Abkürzung desselben unmöglich.

Anders verhält es sich in dieser Beziehung mit der Befristung. Eine einheitliche Theorie darüber aufstellen zu wollen, inwiefern eine Verlängerung oder Abkürzung der Befristung im Belieben der Parteien steht, würde vergeblich sein. Einer Verlängerung oder Abkürzung der vertragsmässigen Befristung durch Vereinbarung der Parteien würde natürlich nichts im Wege stehen. Was aber die gesetzliche Befristung anbelangt, so haben wir hier hauptsächlich darauf zu sehen, ob die Einhaltung der First im öffentlichen oder staatlichen Interesse liegt, oder nicht. Eine Verlängerung oder Abkürzung des befristeten Rechts, das dem litterarischen Urheber aus dem Urhebergesetz zusteht, das der Erfinder aus dem Patentgesetz, das der Ehemann dadurch erlangt, dass von seiner Frau während der Ehe ein uneheliches Kind geboren wird, kann naturgemäss nicht erfolgen, dagegen wird es kaum irgend welchem Zweifel unterliegen, dass bei Bestellung einer Emphyteuse[1]), die Parteien die dreijährige Frist, nach deren Ablauf der Emphyteuta sein Recht verliert, wenn er während dieser Zeit seinem dominus keinen Zins gezahlt hat, beliebig ändern können. Hier kann weder die Oeffentlichkeit noch der Staat das geringste Interesse an der Einhaltung der Frist haben, sodass es in der Hand der Parteien liegt, denen doch im allgemeinen überhaupt eine möglichst unbekümmerte Regelung ihrer Verhältnisse, besonders Vermögensverhältnisse, zugestanden wird, die Frist durch Novation zu verlängern resp. abzukürzen.

Es fragt sich, ob Verjährung und Befristung durch vertragsmässige Vereinbarug überhaupt ausgeschlossen werden können, worauf wir noch mit wenigen Worten eingehen wollen.

Was zunächst die Verjährung anbelangt, so stehen sich hier zwei verschiedene Meinungen gegenüber, von denen die eine, die besonders von Unterholzner vertreten wird und die Möglichkeit völliger Ausschliessung zugiebt, aus dem nämlichen Grunde zurückgewiesen werden muss, wie oben; sie wurzelt in einer falschen Auffassung der Quellen. Die andere Ansicht, die hauptsächlich von Savigny verteidigt worden und seitdem die herrschende ist, hält den Vertrag, durch den die Verjährung ausgeschlossen wird, für unwirksam. Und das mit vollem Recht, da die Verjährung publici juris ist und die Möglichkeit einer Ausschliessung dem gesetzgeberischen Zwecke völlig zuwiderliefe.

Auf die Frage, ob auch die Befristung durch Vertrag ausgeschlossen werden kann, lässt sich eine einheitliche Antwort wiederum nicht geben. Die vertragsmässige Befristung kann ohne Zweifel wie abgekürzt und verlängert, so auch

1) vgl. l. 3 C. 4, 66.

völlig ausgeschlossen werden. Bei der gesetzlichen Befristung haben wir wieder zwischen den Fristen zu unterscheiden, deren Einhaltung im öffentlichen oder staatlichen Interesse liegt und deren vertragsmässige Ausschliessung nicht möglich ist, und anderen Fristen, denen die zeitliche Schranke jeder Zeit abgenommen werden kann, da die Parteien ihre Privatverhältnisse im allgemeinen willkürlich ordnen können. Das befristete Recht würde sich dann in ein verjährbares verwandeln, das also den Grundsätzen der Verjährung unterliegen und dem die allgemeine Verjährungszeit laufen würde.

b) In Bezug auf den Ablauf der bestimmten Zeit.

§ 10.

α) Hinsichtlich der Geltendmachung vor Gericht zum Zwecke der Berücksichtigung durch den Richter.

Während wir uns bisher mit dem Laufe der bestimmten Zeit beschäftigt, während wir untersucht haben, ob derselbe gehemmt, ob er unterbrochen, ob er vertragsmässig geändert werden kann, kommen wir im folgenden auf den Ablauf der bestimmten Zeit und dabei zunächst auf die Frage zu sprechen, auf welche Weise der Ablauf der Zeit bei Gericht geltend zu machen ist, ob diesen der Richter von Amtswegen oder nur auf einredeweises Vorbringen der Partei zu berücksichtigen hat. Schon die Etymologie des Wortes praescriptio, das unserer „Verjährung“ entspricht, deutet daraufhin, dass diese im römischen Recht nur als Einrede gedient hat. Praescriptio [1]) ist nämlich die genaue Uebersetzung des griechischen Wortes παραγραφή Nebenklage, das dem lateinischen Ausdruck exceptio Einrede entspricht. Auch finden sich in einer Reihe von Quellenstellen die Ausdrücke praescriptio und exceptio durch einander gebraucht. Es geht daraus hervor, dass präescriptio nur eine dem Griechischen nachgebildete Bezeichnung für exceptio und mit exceptio gleichbedeutend ist.

Gegen die Annahme, der Richter habe die Verjährung

---

1) vgl. Unterholzner, Die Lehre von der Verjährung durch fortgesetzten Besitz 1816 S. 271.

ex officio zu beachten, spricht auch der Umstand, dass der Richter gar nicht wissen kann, ob die Verjährung wirklich erfolgt ist, ob sie nicht durch einen der zahlreichen Hemmungs- und Unterbrechungsgründe die ihr vorgezeichnete Zeit zu überdauern im stande ist, wenn dieses nicht die Partei durch Einreden geltend macht.

Auch ist der gesetzgeberische Zweck der Verjährung völlig damit erfüllt, dass der Partei ermöglicht wird, die Wohlthat der Verjährung insofern für sich in Anspruch zu nehmen, als sie dieselbe selbstthätig bei Gericht gegenüber der Klage exceptivisch vorschützt. Es liegt kein Grund vor, dass diese Wohlthat der Partei aufgedrungen wird, indem sie auch ohne das Vorbringen derselben vom Richter ex officio zu berücksichtigen ist. Nicht selten wird es gar nicht in den Intentionen der Partei liegen, einem Anspruch gegenüber, den sie vielleicht durch Zahlung oder sonstwie erfüllt zu haben glaubt, und der sich im gerichtlichen Verfahren als noch unerfüllt herausstellt, auf diese Weise seine Befreiung zu erzielen, zumal ein derartiges Verfahren im alltäglichen Verkehr nicht als anständig und ehrenhaft gilt.

In den meisten neueren Gesetzbüchern findet sich denn auch deutlich ausgesprochen, dass der Verjährung nur auf Einrede der Partei hin eine Berücksichtigung von seiten des Richters zu teil wird, so im code civile Art. 2223 und im österr. G.B. § 1501.

Bei der Befristung hingegen ist das Recht oder die Befugnis an die Frist unmittelbar gebunden; ihr Todestag kann nicht wie bei der Verjährung durch mannigfache Hemmungs- und Unterbrechungsgründe hinausgeschoben werden; nur während der Frist kann aus dem Recht oder auf Vornahme der Handlung geklagt werden, der Lauf dieser Zeit bildet also ein wesentliches Klagfundament, er gehört zur Schlüssigkeit der Klage. Daraus folgt, dass der Richter nicht nur auf Vorbringen der Partei, sondern auch von Amtswegen darauf zu sehen hat, ob auch die Klage während der Frist erhoben ist, während dieses bei der Verjährung nicht der Fall ist, sodass auch in diesem Punkte Verjährung und Befristung ein weiteres Unterscheidungsmerkmal bilden.

§ 11.

β) Hinsichtlich des Verzichts auf denselben nach seinem Eintritt.

Wir sind damit auf eine andere Frage gekommen, die mit der eben besprochenen eng zusammenhängt, auf die Frage nämlich, ob die Partei auf die Geltendmachung der Verjährung nach Ablauf der Verjährungszeit gültig verzichten kann. Dass die Partei nicht schon vor Ablauf der Verjährung auf dieselbe verzichten kann, haben wir schon früher zur Evidenz festgestellt, es würde das den rechtspolitischen Zwecken des Instituts zuwider sein. Da aber der Ablauf der Verjährung, wie oben hervorgehoben, nur durch Einrede der Partei, der die Verjährung zu gute kommt, geltend gemacht wird, so ist damit schon von selbst gesagt, dass die Partei auf die Geltendmachung der Verjährung gültig verzichten kann, sodass der Anspruch der Gegenpartei bei vollen Kräften bleibt.

Das der Legal-Befristung zu Grunde liegende Recht vermag den dies supremus nicht zu überleben; bei der präklusivischen Befristung muss die betreffende Handlung in der bestimmten Frist vorgenommen werden, um mit der juristischen Wirkung versehen zu werden, von einem Verzicht auf Geltendmachung des Ablaufs der Frist kann daher gar keine Rede sein. Allerdings können die Parteien durch einen konstitutiven Thatbestand ein dem vorigen entsprechendes, aber ganz neues Recht ins Leben rufen, sodass äusserlich derselbe Effekt bei Verjährung und Befristung erreicht wird, während aber im Grunde auch in diesem Punkte ein wesentlicher Unterschied vorliegt.

§ 12.

γ) Hinsichtlich der Folgen desselben.

Wir haben numehr noch einen kurzen Blick darauf zu werfen, ob wir auch in Bezug auf die Folgen des Ablaufs der bestimmten Zeit auf den Bestand des Rechts oder der Befugnis einen weiteren praktischen Unterschied zwischen Verjährung und Befristung herauskonstruieren können. Gehen wir zunächst zur Verjährung über, so haben wir uns hier zunächst mit den dinglichen und danach mit den persönlichen Klagen zu befassen. Bei den ersteren ist Recht und Klageanspruch etwas wesentlich von einander verschiedenes; ist beispielsweise meine Eigentumsklage verjährt, so ist damit noch nicht mein Eigentumsrecht verjährt, sodass ich dieses einem dritten Besitzer gegenüber wieder geltend machen kann, der nicht Rechtsnachfolger des ursprünglichen Besitzers ist.

Bei der Befristung geht, wie schon häufiger hervorgehoben, das befristete Recht oder die Befugnis mit Ablauf der Zeit wegen Unthätigkeit des Berechtigten völlig unter. Es ergiebt sich uns demnach ein Unterschied zwischen der Verjährung dinglicher Ansprüche und der Befristung, insofern als bei der ersteren nur der Klageanspruch verjährt, nicht aber das Recht, während bei der Befristung das Recht selbst oder die Befugnis völlig zu Grunde geht.

Es fragt sich, ob wir diesen Unterschied auch zwischen der Verjährung persönlicher Ansprüche und der Befristung feststellen können, ob also bei der Verjährung der Anspruch gänzlich nach Ablauf der Verjährungszeit untergeht, oder ob noch eine Naturalobligation als Residuum zurückbleibt. Wir sind damit bei einer der berühmtesten Streitfragen des gemeinen Rechts angelangt, bei der Frage nach der stärkeren oder schwächeren Wirkung der Verjährung persönlicher Ansprüche. Da eine ganze Reihe von hervorragenden Schriftstellern, vor allem Savigny, das Zurückbleiben der natürlichen Verbindlichkeit behaupten, sodass damit ein weiterer wesentlicher Unterschied sich ergäbe, so wollen wir die Streitfrage ganz kurz berühren.

Die Anhänger der schwächeren Wirkung scheiden zwischen Klagerecht und Anspruch und behaupten, dass nur das Klagerecht verjähre, nicht aber der Anspruch untergehe. Ihr Hauptargument aber entnehmen sie den Quellen und zwar der l. 7 C. 7, 39 und der l. 2 C. 8, 31, aus denen hervorgehe, dass trotz der Verjährung des persönlichen Anspruchs nicht zugleich das Pfandrecht verjähre, das dem Gläubiger aus dem Pfande zustehe, welches ihm zur Sicherung seiner Forderung bestellt sei. Da einerseits das Pfandrecht seiner

Natur nach accessorisch sei und daher nicht ohne die zu Grunde liegende Obligation bestehen könne und da andrerseits die blosse Naturalobligation für das Bestehen des Pfandrechts genüge, so ergäbe sich daraus, dass, wenn der persönliche Anspruch verjähre und eine Naturalobligation zurückbleibe, auch das Pfandrecht fortbestehe, überdies aber auch, dass, wenn der persönliche Anspruch verjähre und das Pfandrecht fortbestehe, eine Naturalobligation zurückbleibe.

Hiergegen ist mit Windscheid[1]) einzuwenden, dass die Einrede der Verjährung, die doch eine „zerstörliche[2])" Einrede ist, der Natur der Sache nach den entgegenstehenden Anspruch völlig vernichten muss. Die Verteidiger der schwächeren Ansicht müssten demnach ihre Behauptung vom Zurückbleiben der Naturalobligation beweisen, was sie aber noch nicht gethan haben und ihnen überhaupt nicht möglich ist. Da wir, wie schon früher hervorgehoben, actio und Anspruch identifizieren, so kann für uns von der oben erwähnten Scheidung kein Rede sein. Die Folgerung aus den Quellen ist eine falsche, denn in den angeführten Stellen ist nur gesagt, dass wegen des Pfandrechts, das, wie aus einer Reihe von Quellenstellen unzweifelhaft folgt, auch ohne die Forderung bestehen kann, eine Naturalobligation zurückbleibe, wie auch aus der l. 59 pr. D. 36, 1 hervorgeht, wo es heisst „remanet ergo propter pignus naturalis obligatio", es ist also nicht gesagt, dass wegen der Naturalobligation das Pfandrecht weiterbestehe. Wir müssen uns demnach für den völligen Untergang des Anspruchs aussprechen, allerdings mit einer Modifikation, nämlich der, dass freiwillige Erfüllung des verjährten Anspruchs nicht Schenkung ist[3]).

Es wird auch kaum irgend welchem Zweifel unterliegen, dass diese Entscheidung dem legislativen Zwecke der Verjährung am besten gerecht wird. Es würde der Billigkeit zuwider sein, die Verkehrssicherheit gefährden, wenn längst verjährte Ansprüche immer noch einredeweise geltend gemacht werden könnten.

---

1) Windscheid a. a. O. I. S. 361 A. 5.
2) Windscheid a. a. O. I. S. 362 A.
3) s. l. 5 § 15 D. 24, 1 Windscheid a. a. O. I. S. 363 A. 5a.

Die Ansicht von der stärkeren Wirkung ist denn auch die herrschende, sie wird nicht nur von der Mehrzahl der Rechtsgelehrten, wie Windscheid, Vangerow[1]) und anderen, sowie dem höchsten Gerichtshof[2]) verteidigt, sondern ist auch in die neueren Gesetzbücher, wie das preussische Landrecht[3]) aufgenommen worden. Einen Unterschied zwischen der Verjährung persönlicher Ansprüche und der Befristung in Bezug auf die Folgen des Ablaufs der bestimmten Zeit müssen wir mithin leugnen.

§ 13.

c) in Bezug auf das Erfordernis der bona fides während resp. nach Ablauf der bestimmten Zeit.

Zum Schluss beschäftigt uns noch die Frage, ob und inwiefern der Präscribent, dem die Verjährung zu gute kommt, in gutem Glauben sein muss. Im alten römischen Recht finden wir das Erfordernis der bona fides neben der Ersitzung nur bei der longi temporis praescriptio aufgestellt; da aber zur Zeit Justinians die longi temporis praescriptio mit der Ersitzung verschmolzen wurde, so kann hier von der Notwendigkeit der bona fides bei der Verjährung keine Rede sein. Eine Aenderung aber bewirkten zwei päpstliche Dekretalien des kanonischen Rechts, die ihrer Wichtigkeit halber hier Platz finden mögen.

cap. 5 X de praescriptione 2, 26.

„Vigilanti studio cavendum est, ne malae fidei possessores simus in prädiis alienis, quoniam nulla antiqua dierum possessio iuvat aliquem malae fidei possessorem, nisi resipuerit, postquam se aliena noverit possidere, cum bonae fidei possessor dici non possit.“

c. 20 eodem.

„Quoniam omne, quod non est ex fide, peccatum est, synodali judicio definimus, ut nulla valeat absque bona fide

---

1) Vangerow, Lehrbuch des Pandektenrechts I. § 151.

2) s. R. G. 2, 158.

3) I, 9 § 564.

praescriptio, tam canonica, quam civilis cum generaliter sit omni constitutioni atque consuetudini derogandum, quae absque mortali peccato non potest observari. Unde oportet, ut, qui praescribit, in nulla temporis parte rei habeat conscientiam."

In diesen Stellen wird offenbar erfordert, dass der Besitzer während der ganzen Zeit des Besitzes in gutem Glauben sein müsse, „ut in nulla temporis parte rei habeat conscientiam", streitig aber ist, worauf sich diese Bestimmung beziehen soll. Wenn zuweilen behauptet wird, mit diesen Quellenstellen sollte nur die Ersitzung getroffen werden, während die Verjährung durch sie unberührt bliebe, so geht die Unrichtigkeit dieser Ansicht aus dem Worte „praescriptio" in c. 20 klar hervor. Wenn auch nicht zu leugnen ist, dass fast alle Stellen des kanonischen Rechts, in denen von praescriptio die Rede ist, Besitz voraussetzen, so ist doch unzweifelhaft, dass das kanonische Recht auch die Verjährung in unserm Sinne gekannt hat, und da sie für diese keine eigentümliche Bezeichnung aufgestellt hat, so liegt kein Grund zur Annahme vor, dass das kanonische Recht die römische Bezeichnung praescriptio für die Verjährung nicht acceptiert habe; man kann nur soviel schliessen, dass das kanonische Recht unter praescriptio sowohl die Verjährung wie die Ersitzung verstand. Daraus folgt, das das Erfordernis der bona fides sich auch auf die Verjährung bezieht, aber in welchem Umfange? Hierüber herrscht Streit, und zwar haben sich in dieser Streitfrage drei Ansichten gebildet. Die eine behauptet, die bona fides des Präscribenten sei nur notwendig zur Verjährung der actiones in rem, die zweite dehnt dieses Erfordernis auch auf diejenigen persönlichen Ansprüche aus, die auf Herausgabe einer fremden Sache gerichtet sind, während die dritte Ansicht dasselbe auf alle Ansprüche bezieht. Da die Vertreter der ersten Ansicht keine besonderen Gründe zur Unterstützung derselben vorgebracht, sondern nur die letzte Ansicht bekämpft haben, und da kein Grund einzusehen ist, die obigen Stellen nur auf dingliche Ansprüche zu beschränken, so bleiben für uns nur noch die beiden letzten Ansichten übrig. Während früher die letzte

Meinung, die für alle Ansprüche bona fides fordert, die herrschende war, hat sich doch seit langem bei weitem die grösste Zahl unserer Gelehrten für die andere Ansicht entschieden, die dahin geht, dass die bona fides für dingliche wie solche persönlichen Ansprüche erforderlich sei, die auf Restitution einer unrechtmässig besessenen Sache gehen; auch wir halten diese Ansicht für die richtige. Das sicherste Argument entnehmen wir den angeführten Quellenstellen selbst. Wenn die gegenteilige Ansicht sich hauptsächlich auf die Worte stützt „ut nulla valeat absque bona fide praescriptio", so ist dagegen hauptsächlich einzuwenden, dass es sich in beiden Stellen nur um Verjährung in Verbindung mit Besitz handelt. Ganz deutlich geht dieses aus dem cap. 5 hervor, wo von „possessio in praediis alienis" die Rede ist, in dem cap. ultimum eodem weisen die Worte darauf hin „conscientiam rei alienae", es handelt sich also um das Bewusstsein, eine fremde Sache innezuhaben, nicht aber auch um das Bewusstsein einer fremden Schuld, denn die „res aliena" mit aes alienum zu identifizieren, kann keiner juristischen Kunst gelingen; ausserdem ist darauf aufmerksam zu machen, dass die Bezeichnungen bona und mala fides in den Quellen nur in Verbindung mit dem Besitze vorkommen, während eine sonstige Unredlichkeit, wie Savigny[1]) treffend hervorhebt, als dolus bezeichnet wird.

Die letzte Dekretale begründet ihre Bestimmung mit den Worten „quod omne, quod non est ex fide, peccatum est"; sie erblickt also in jeder Unredlichkeit eine Sünde, die naturgemäss nicht belohnt werden darf. Während aber eine Unredlichkeit in denjenigen Fällen, in denen der Schuldner eine fremde Sache unrechtmässiger Weise in Besitz hat, eben dadurch, dass er diese Sache in Besitz hat und durch sie an sein Unrecht erinnert werden muss, anzunehmen ist, gilt dieses nicht von denjenigen Fällen, in denen der Schuldner eine Verbindlichkeit zu erfüllen hat, von deren Bestehen er vielleicht gar nichts weiss oder die er längst vergessen hat.

Auch der rechtspolitische Zweck der Verjährung spricht

---

1) Savigny, System Bd. V S. 337.

deutlich für die Richtigkeit unserer Ansicht, denn da die Verjährung im öffentlichen Interesse eingeführt ist, um längst veralteten Ansprüchen ihre Berechtigung abzusprechen, da der Beweis ein überaus schwieriger, vielleicht unmöglicher, die Zahl der Prozesse eine unermessliche sein, die Sicherheit des Verkehrs schwinden würde und dem Gläubiger, der zur Geltendmachung seines Anspruchs Zeit genug gehabt hat, die poena negligentiae zu teil werden soll, da vor allem das Recht als getilgt präsumiert wird, so kann bei den Klagen, die nicht auf Restitution einer fremden Sache gehen, von dem Erfordernis der bona fides keine Rede sein, während hingegen bei diesen die Nichtverjährbarkeit ohne bona fides des Präscribenten den rechtspolitischen Motiven nicht zuwiderlaufen wird, denn da der Schuldner die fremde Sache innehat, kann der Beweis nicht schwierig, die Sicherheit des Verkehrs nicht gefährdet sein, das Recht nicht als getilgt präsumiert werden.

Auf diesen Standpunkt haben sich auch einzelne Gesetze, wie das Gesetz für das ehemalige Königreich Hannover[1]) für Braunschweig[2]) und andere gestellt, während die meisten Gesetzbücher wie der code civile[3]) und das österr. G.B.[4]) die bona fides bei der Verjährung nicht erfordern.

Eine ganz sonderbare Bestimmung hat in diesem Punkte das preussische Landrecht in den Paragraphen 568 und 569 getroffen. Es heisst dort:

„Die vollendete Verjährung durch Nichtgebrauch wirkt die rechtliche Vermutung, dass die ehemals entstandene Verbindlichkeit in der Zwischenzeit auf eine oder die andere Art gehoben worden.

Diese Vermutung kann nur durch den vollständigen Beweis, dass der andere unredlicher Weise und gegen besseres Wissen von seiner noch fortwährenden Verbindlichkeit sich der Erfüllung derselben entziehen wolle, entkräftet werden“.

---

1) § 11.
2) § 11.
3) Art. 2262.
4) § 1478, 1493.

Diese Bestimmungen verdanken ihren Ursprung der Verjährungs-Theorie von Rave[1]). Dieser sieht die Wirkung der Verjährung in der Vermutung, dass die Verbindlichkeit inzwischen erfüllt sei und lässt diese Vermutung durch den Gegenbeweis vernichtet werden, dass die Schuld noch fortdauere und dass der Schuldner davon Kenntnis habe, dass er also in mala fide sei. Wir sehen diese Theorie in den beiden vorstehenden Paragraphen genau wiedergegeben, die aber in das preussische Landrecht gar nicht hineinpassen, weil dieses die bona fides des Präscribenten nicht für erforderlich hält, während Rave der entgegengesetzten Ansicht ist. Das preussische Landrecht tritt also der mala fides des Präscribenten entgegen, aber nicht in der Weise, dass es die bona fides während der Verjährungszeit, sondern nachdem die Verjährung abgelaufen ist, also vor allem zur Zeit des Prozesses, der wegen der Verjährung geführt wird, erfordert.

Wenn wir nunmehr auf die Befristung eingehen und untersuchen wollen, inwiefern bei dieser bona fides notwendig sei, so können wir uns hier sehr kurz fassen, da aus dem Begriff der Befristung schon von selbst hervorgeht, dass von dem Erfordernis der bona fides während oder nach Ablauf der Frist gar keine Rede sein kann. Oder sollte beispielsweise die dreissigtägige Frist[2]) binnen der der Deponent nach österreichischem Recht seine Forderungen gegen den Depositar von der Zeit der Rückgabe an geltend zu machen hat, darum weiter laufen, weil der Depositar während oder nach Ablauf der Frist die Forderung des Deponenten kannte und trotzdem nicht erfüllte, also in mala fide war! Die Unhaltbarkeit einer derartigen Annahme ist wohl einleuchtend.

Es hat sich uns demnach ein weiterer fundamentaler Unterschied zwischen beiden Rechtsinstituten insofern ergeben, als nach gemeinem Recht zur Verjährung dinglicher und persönlicher Ansprüche auf Restitution einer fremden

---

1) s. Savigny, System Bd. V S. 343.

2) Oesterr. b. G.B. § 967.

Sache, nach preussischem Landrecht nach Ablauf der Verjährungszeit bona fides erforderlich ist, da sonst im ersten Fall der dingliche resp. persönliche Anspruch auf Restitution gar nicht verjährt, im letzteren die Verjährung der Ansprüche dem Präscribenten nicht zu gute kommt, während bei der Befristung keine mala fides weder während noch nach Ablauf der Frist im stande ist, denn dies supremus, der ihr schon von Hause aus fest bestimmt ist, hinauszuschieben.

§ 14.

IV. Schlussbetrachtung bezüglich des jetzt geltenden Rechts.

Wir glauben damit alle Unterschiede behandelt und unsere Untersuchung zu Ende geführt zu haben. Nachdem wir die Begriffe „Verjährung und Befristung" festgestellt, waren wir in Stand gesetzt, die allgemeinen Unterscheidungsmerkmale beider Rechtsinstitute zu fixieren; wir sahen, dass sowohl die begriffliche Struktur wie der legislative Zweck beider durchaus verschieden war. Diese Feststellung ermöglichte uns dann, auch die einzelnen praktischen Unterschiede ausfindig zu machen. Dass diese Deduktion nicht so sehr zur Lösung eines wissenschaftlichen Problems dient, als vielmehr vor allem von eminent praktischem Nutzen ist, ist leicht einzusehen; ist uns doch dadurch die Möglichkeit geboten, Rechtsfälle, von denen es zweifelhaft ist, ob sie als Verjährung oder Befristung anzusehen sind, dadurch, dass wir die einzelnen näheren Bestimmungen genau prüfen, unter den richtigen Begriff zu subsumieren, die praktischen Unterschiede dienen also als Subsumtionskriterien. Ist uns somit eine nicht geringe Sicherheit geboten, die Natur des speziellen Rechtssatzes zu erkennen, so wissen wir, nach welchen Regeln wir ihn zu behandeln haben und können uns damit ohne weiteres von dem grossen und viel geübten Fehler freimachen, die eigentümlichen Grundsätze der Verjährung auch auf Fälle der Befristung analog zu übertragen.

§ 15.

V. Unterschied zwischen Verjährung und Befristung im Bürgerlichen Gesetzbuch für das deutsche Reich.

Da das Rechtsleben in Deutschland in kurzer Zeit einer neuen Aera entgegengeht, da mit der Wende des Jahrhunderts die Rechtszersplitterung in unserem Reiche aufhören und gemeinem, französischem wie preussischem Recht, von denen jedes bisher einen bestimmten geographischen Geltungsbezirk in Deutschland einnahm, ein Ende gemacht wird, um einem einheitlichen deutschen Rechte Platz zu machen, so kann diese Untersuchung nicht geschlossen werden, ohne dass der Standpunkt des deutschen Zukunftsrechtes, des Bürgerlichen Gesetzbuches für das deutsche Reich, zu unserem Thema einer eingehenden Erörterung unterzogen wird. Schon zu Beginn dieser Abhandlung [1]) wurde erwähnt, dass die Gesetzgeber des Bürgerlichen Gesetzbuchs dem Gegensatze zwischen Verjährung und Befristung sehr wohl Rechnung getragen haben, da es in den Motiven zum B.G.B. [2]) heisst: „Streng auseinander gehalten ist die Anspruchs-Verjährung und die präklusive Befristung". Da aber die Motive an einer anderen Stelle [3]) davon sprechen, dass allgemeine Vorschriften über die im Entwurfe sich findenden zahlreichen Ausschlussfristen nicht aufgestellt seien, dass der Begriff der Ausschlussfrist die massgebenden Grundsätze ohne weiteres an die Hand gäbe, während der Verjährung naturgemäss eine eingehende zusammenhängende Behandlung im Gesetzbuche zu teil geworden ist, wird es am zweckdienlichsten sein, die spezifischen Bestimmungen der Verjährung und zwar nach der Ordnung der bisherigen Abhandlung zur Darstellung zu bringen und mit ihnen dann jedesmal die Vorschriften des B.G.B., die eine gesetzliche Befristung enthalten, zu vergleichen. Wir haben schon früher [4]) darauf hingewie-

1) s. o. S. 6.
2) Bd. I S. 292.
3) Bd. I. S. 347.
4) s. o. S. 4.

sen, dass das B.G.B. den Begriff der Verjährung sehr eng fasst, insofern als es unter Verjährung nur die Anspruchs-Verjährung versteht; und zwar ist Anspruch nach § 194, 1 das Recht, von einem anderen ein Thun oder Unterlassen zu verlangen. Wir haben ebenfalls schon früher[1]) hervorgehoben, dass die Gesetzgeber des B.G.B. sich sehr wohl bewusst gewesen sind, dass es nicht die Befristung im allgemeinen ist, sondern allein die präklusivische Befristung[2]). Wir werden demgemäss den Bestimmungen der Verjährung, unter der wir ja bereits auch in unserer ganzen bisherigen Abhandlung nur die Anspruchs-Verjährung verstanden haben, die zahlreichen Ausschlussfristen vergleichsweise gegenüberstellen.

Um nun wieder mit dem „Lauf der bestimmten Zeit"[3]) zu beginnen, so erkennt auch das B.G.B. die Möglichkeit einer Aenderung des Laufes der Verjährung in weitgehender Weise an. Nach § 205 wird der Zeitraum, während dessen die Verjährung gehemmt ist, in die Verjährungsfrist nicht eingerechnet, sodass also infolge des Hemmungsgrundes die Verjährung erst nach Wegfall desselben beginnen und die bereits begonnene fortgesetzt werden kann. Hemmungsgründe kennt unser Gesetz in grosser Anzahl. Während dasselbe den peremtorischen Einreden die hemmende Wirkung versagt, erkennt es solche den dilatorischen Einreden zu, daher die Bestimmung des § 202 „die Verjährung ist gehemmt, solange die Leistung gestundet oder der Verpflichtete aus einem anderen Grunde vorübergehend zur Verweigerung der Leistung berechtigt ist." Im zweiten Absatz desselben Paragraphen werden jedoch einige Ausnahmen von dieser Bestimmung statuiert, die ihren Grund darin finden, dass der Anspruchsberechtigte in der Lage war, die der Verjährung entgegenstehenden Einreden zu beseitigen. Allerdings ist

---

1) s. o. S. 6.

2) Im B.G.B. finden sich natürlicherweise auch zahlreiche Rechts-Fristen; eine solche enthält beispielsweisse § 1626, der bestimmt, dass die Rechte des Vaters gegenüber seinen Kindern aus der elterlichen Gewalt nach dem Ablauf von 21 Jahren von der Geburt des Kindes erlöschen.

3) vgl. Inhaltsverzeichnis.

nicht zu verkennen, dass die Hemmungsgründe des § 202 von anderer Natur sind, als diejenigen, die wir in unserer bisherigen Abhandlung zur Darstellung gebracht haben, sodass ein moderner Schriftsteller Hachenburg[1]), um diesen Gegensatz hervorzuheben, von „unechten" Hemmungsgründen spricht, weil nämlich in den Fällen des § 202 von einer Verjährung noch gar keine Rede sein kann, denn, wenn die Leistung gestundet oder wenn der Verpflichtete aus einem anderen Grunde vorübergehend zur Verweigerung der Leistung berechtigt ist, so ist noch gar kein Anspruch vorhanden, da der Berechtigte noch gar nicht berechtigt ist, insofern als ihm das Recht, von einem anderen ein Thun oder Unterlassen zu verlangen, noch gar nicht zusteht. Doch unser Gesetzbuch enthält auch eine Reihe von Hemmungsgründen in dem früher dargestellten Sinne, und zwar finden wir solche in den Paragraphen 203—207. Wir können dieselben in thatsächliche und rechtliche Hemmungsgründe scheiden. Erstere werden gebildet durch Stillstand der Rechtspflege sowie durch eine solche Verhinderung, die in anderer Weise durch höhere Gewalt herbeigeführt wird. Jedoch muss diese Behinderung in den letzten sechs Monaten der Rechtsverfolgung entgegengestanden haben[2]). Auch Sonn- und Feiertage sind nach § 193 im stande den Ablauf der Verjährungszeit hinauszuschieben. Rechtlich gehemmt ist die Verjährung von Ansprüchen zwischen Ehegatten, solange die Ehe besteht, zwischen Eltern und Kindern während der Minderjährigkeit der Kinder und zwischen Vormund und Mündel während der Dauer des Vormundschaftsverhältnisses[3]). Die gegen geschäftsunfähige oder beschränkt geschäftsfähige Personen, — diese Vorschriften finden aber keine Anwendung, soweit eine in der Geschäftsfähigkeit beschränkte Person prozessfähig ist — ohne gesetzlichen Vertreter laufende Verjährung kann erst nach Ablauf von sechs Monaten oder,

1) Das bürgerliche Gesetzbuch für das deutsche Reich. Vorträge gehalten in den Jahren 1896/97. Lieferung 1 S. 48.

2) vergl. § 203.

3) vergl. § 204.

wenn die Verjährungszeit kürzer ist, nach Ablauf dieses für die Verjährung bestimmten Zeitraums von dem Moment, in dem die Person unbeschränkt geschäftsfähig wird oder der Mangel der Vertretung aufhört, vollendet werden[1]). Ebenso kann ein Anspruch, der zu einem Nachlasse gehört oder sich gegen einen solchen richtet, erst nach sechs Monaten resp., wenn die für die Verjährung bestimmte Zeit kürzer ist, als sechs Monate, nach dieser Zeit von dem Zeitpunkte an vollendet werden, in welchem der Nachlass einer geeigneten Vertretung nicht mehr entbehrt[2]).

In engem Zusammenhange mit der Hemmung steht die Unterbrechung der Verjährung, die eine ähnliche Wirkung wie die erstere auf den Lauf der bestimmten Zeit ausübt, und die nach § 217 darin besteht, dass die bis zur Unterbrechung verstrichene Zeit nicht in Betracht kommt und eine neue Verjährung erst nach Beendigung der Unterbrechung beginnen kann. Die Unterbrechungsgründe des B.G.B. lassen sich ebenfalls in zwei Kategorien trennen, von denen die eine durch die Anerkennungsakte gebildet wird. Letztere können sowohl in konkludenten Handlungen wie Abschlagszahlung, Zinszahlung, Sicherheitsleistung etc.[3]) bestehen, als auch direkt, sowohl ausdrücklich wie stillschweigend, sein, nur muss die Anerkennung dem Berechtigten gegenüber geschehen, einer Annahme von seiten dieses bedarf es nicht.

Wie der Verpflichtete durch die Anerkennungsakte die Verjährung zu unterbrechen im stande ist, so ist auch der Berechtigte in der Lage, durch Erhebung der Klage und andere dem gleichgestellte prozessuale Massnahmen dieselbe Wirkung zu erzielen. Die Klage kann sowohl auf Befriedigung, als auf Feststellung des Anspruchs, auf Erteilung der Vollstreckungsklausel oder auf Erlassung des Vollstreckungsurteils gerichtet sein[4]). Die Unterbrechung der Verjährung infolge der Erhebung der Klage dauert solange an,

1) vgl. § 206.
2) vgl. § 207.
3) vgl. § 208.
4) vgl. § 209.

bis der Prozess rechtskräftig entschieden oder auf andere Weise erledigt ist; ist der Anspruch rechtskräftig festgestellt, so beginnt nunmehr gemäss § 218 ebenso wie im gemeinen Recht eine neue dreissigjährige Verjährung. Gerät der Prozess infolge einer Vereinbarung oder durch Nichtbetreiben in Stillstand, so endigt die Unterbrechung mit der letzten Prozesshandlung [1]). Die Zurücknahme oder Abweisung der Klage hat zur Folge, dass die Verjährung als nicht unterbrochen angesehen wird, nur eine abermalige Klageerhebung von seiten des Berechtigten innerhalb eines Zeitraums von sechs Monaten beseitigt diese Fiktion wieder, sodass in diesem Falle die Verjährung als durch Erhebung der ersten Klage unterbrochen gilt [2]). Ebenso wie die Klageerhebung bei dem zuständigen Gericht bewirkt auch die Einreichung des Gesuchs bei einer Behörde oder einem höheren Gerichte, wenn die Zulässigkeit des Rechtsweges resp. die Bestimmung des zuständigen Gerichts einer Beurteilung dieser Faktoren unterliegt, eine Unterbrechung der Verjährung, jedoch nur unter der Bedingung, dass die Klage innerhalb dreier Monate nach Erledigung des Gesuches erhoben wird [3]). Eine gleiche Wirkung wie die Erhebung der Klage hat ferner die Zustellung eines Zahlungsbefehls im Mahnverfahren, doch nur dann, wenn die Wirkungen der Rechtshängigkeit nicht erlöschen [4]); auch durch die Anmeldung des Anspruchs im Konkurse wird die Verjährung unterbrochen und zwar bis zur Beendigung des Konkurses, doch darf die Anmeldung nicht zurückgenommen werden, da andernfalls die Unterbrechung als nicht erfolgt gilt [5]). Dem einredeweisen Vorbringen des Anspruchs versagt auch das B.G.B. den unterbrechenden Einfluss. Durch Aufrechnung aber wird der Anspruch jedoch nur bis zur Höhe des zur Aufrechnung vorgebrachten Teiles der Verjährung vorläufig entzogen, und zwar dauert die Unterbrechung in diesem Falle bis zur rechts-

---

1) vgl. § 211.
2) vgl. § 212.
3) vgl. § 210.
4) vgl. §§ 209, 213.
5) vgl. §§ 209, 214.

kräftigen Entscheidung oder anderweitigen Erledigung des Prozesses[1]). Ganz dasselbe gilt auch von der Streitverkündung[2]). Schliesslich wird die Verjährung noch unterbrochen durch die Vornahme einer Vollstreckungshandlung oder, soweit die Zwangsvollstreckung den Gerichten oder anderen Behörden zugewiesen ist, durch die Stellung des Antrags auf Zwangsvollstreckung aber nur unter der Bedingung, dass der Antrag nicht vor der Ausführung der Vollstreckung zurückgenommen, dass er nicht abgelehnt und dass die Vollstreckungsmassregel nicht auf Antrag des Berechtigten oder wegen Mangels der gesetzlichen Voraussetzungen aufgehoben wird[3]).

Wir kommen nunmehr zu der Frage, ob die Dauer der Verjährungszeit vertragsmässig geändert werden kann. Die Antwort auf diese Frage giebt der § 225. Danach ist sowohl die völlige Ausschliessung als auch jegliche Erschwerung der Verjährung durch Rechtsgeschäft ausgeschlossen.

Von diesser Regel, dass nämlich die Verjährung nicht erschwert, mithin auch die Dauer der Verjährungszeit nicht verlängert werden kann, hat das Gesetzbuch allerdings in einer Reihe von besonderen Fällen, in denen die Verjährungszeit sehr kurz bemessen ist, aus Zweckmässigkeitsrücksichten Abstand genommen[4]).

Während die Ausschliessung und Erschwerung der Verjährung unzulässig ist, ist andrerseits die rechtsgeschäftliche Erleichterung derselben, insbesondere die Abkürzung der Verjährungszeit nach § 225 in das Belieben der Parteien gestellt.

Wenn so die Bestimmungen der Verjährung, die für dieses Rechtsinstitut charakteristisch hervortreten, dem Laufe der Verjährungszeit in der verschiedensten Hinsicht eine Aenderung gestatten, so ist dagegen das befristete Recht nicht in dieser Weise im stande, über die ihm vorgesteckte Frist hinaus fortzudauern, da die Befristung energischer da-

1) vgl. §§ 209, 215.
2) vgl. §§ 209, 215.
3) vgl. §§ 209, 216.
4) vgl. §§ 477. 1; 524, 2; 638, 2; 490, 1; 651, 1.

rauf hinwirkt, dem Rechte oder der Befugnis von Anfang an eine festbestimmte Existenzfrist zu setzen. Daher ist die Frist auch im Bürgerlichen Gesetzbuche an und für sich nicht hemmbar, wenn dieses auch in einigen ganz bestimmten Fällen Ausnahmen von dieser Regel, die dem Begriff der Befristung zu entnehmen ist, statuiert hat. Vor allem ist es das justitium und die vis major, denen unser Gesetzbuch in einer Reihe von Fällen auch die Befristung hemmende Wirkung beilegt, ferner überträgt es die Regeln der Verjährungslehre, die eine Hemmung der Verjährung eintreten lassen, wenn der Berechtigte eine geschäftsunfähige oder in der Geschäftsfähigkeit beschränkte Person ist oder wenn die Rechte zu einem Nachlasse gehören oder sich gegen einen solchen richten, der einer geeigneten Vertretung entbehrt, in einigen Fällen auch auf Fälle der Befristung. Das Gesetz hat diese Ausnahmen geschaffen, um dem Berechtigten einen unverdienten Nachteil zu ersparen, da er an der Geltendmachung seines Rechts verhindert ist. So sind die genannten Hemmungsgründe als solche anerkannt — der den Nachlass betreffende aber nur, wenn es sich in dem betreffenden Falle auch um einen Nachlass handeln kann — zunächst bei einer Reihe von Anfechtungsfristen, nämlich:

bei der einjährigen Frist zur Anfechtung einer durch arglistige Täuschung oder widerrechtlich durch Drohung bestimmten Willenserklärung seit Kenntnis der Täuschuug resp. Beendigung der Zwangslage[1];

bei der sechsmonatigen Frist zur Anfechtung der Ehe[2];

bei der einjährigen Frist zur Anfechtung der Ehelichkeit eines Kindes seit Kenntnis des Mannes von der Geburt des Kindes[3] und bei der Frist zur Anfechtung der Anerkennung der Ehelichkeit[4];

bei der sechswöchigen Frist zur Anfechtung der Annahme oder Ausschlagung einer Erbschaft oder Ausschlagung eines Vermächtnisses seit Kenntnis des Anfechtungsberechtig-

---

1) vgl. § 124.

2) vgl. § 1339.

3) vgl. § 1594.

4) vgl. § 1599.

ten von dem Anfechtungsgrunde oder, wenn die Anfechtbarkeit wegen Drohung erfolgt, seit Beendigung der Zwangslage[1]);

bei der einjährigen Frist zur Anfechtung eines Testaments seit Kenntnis des Anfechtungsberechtigten von dem Anfechtungsgrunde[2]);

bei der einjährigen Frist zur Anfechtung des Erbvertrages durch den Erblasser seit Kenntnis desselben von dem Anfechtungsgrunde oder, wenn die Anfechtbarkeit wegen Drohung geschieht, seit Beendigung der Zwangslage[3]);
ferner bei einer Reihe von Fällen, in denen die Befugnis zur Vornahme einer Handlung, von der die Unterbrechung einer Verjährung abhängt, befristet ist, nämlich:

bei der dreimonatigen Frist zur Klageerhebung nach der Erledigung des Gesuches an die Behörde oder das höhere Gericht, deren Beurteilung die Zulässigkeit des Rechtswegs oder die Bestimmung des zuständigen Gerichts unterliegt[4]);

bei der sechsmonatigen Frist, in der der Berechtigte nach Zurücknahme der Klage oder Abweisung derselben durch ein nicht in der Sache selbst entscheidendes Urteil von neuem Klage zu erheben hat, damit die Verjährung als durch Erhebung der ersten Klage unterbrochen gilt[5]);

bei der sechsmonatigen Frist nach Beendigung des Prozesses, in dem durch Geltendmachung der Aufrechnung oder durch Streitverkündung die Verjährung des der Aufrechnung resp. Streitverkündung zu grunde liegenden Anspruchs unterbrochen ist, in der die Klage auf Befriedigung oder Feststellung des Anspruchs zu erheben ist, damit die Unterbrechung als erfolgt gilt[6]) und bei der sechswöchigen Frist, wenn es sich in der Klage oder in dem Prozesse um einen Anspruch auf Wandelung oder Schadensersatz wegen eines Hauptmangels, dessen Nichtvorhandensein der Verkäufer zugesichert hat, handelt[7]); ausserdem:

1) vgl. §§ 1954, 2308.
2) vgl. § 2082.
3) vgl. § 2283.
4) vgl. § 210.
5) vgl. § 212.
6) vgl. § 215.
7) vgl. § 490.

bei der sechsmonatigen Frist seit Beseitigung des der Einleitung des Aufgebotsverfahrens entgegenstehenden Hindernisses, falls die Zahlungssperre vor der Einleitung des Verfahrens verfügt worden ist, binnen der die Einleitung des Verfahrens zu beantragen ist[1];

bei der ein- resp. sechsmonatigen Frist, je nachdem es sich um ein Grundstück oder irgendwelche andere Sache handelt, nach der Herausgabe an den Eigentümer, in der der bisherige Besitzer seine Ansprüche auf den Ersatz von Verwendungen geltend zu machen hat[2];

bei der sechs- resp. dreimonatigen Frist zur Erhebung der Scheidungsklage nach Kenntnis des Scheidungsgrundes resp. nach Beendigung des Sühneverfahrens[3];

bei der sechswöchigen Frist zur Ausschlagung der Erbschaft seit Kenntnis des Erben vom Anfall und Delationsgrund[4];

bei der Inventarfrist und der zweiwöchigen Frist, in der der Erbe nach Beseitigung des Hindernisses und spätestens vor dem Ablaufe eines Jahres nach dem Ende der zuerst bestimmten Frist den Antrag, dass ihm das Nachlassgericht eine neue Inventarfrist bestimme, zu stellen hat[5].

Als ein weiterer die Befristung betreffender Hemmungsgrund ist im B.G.B. die Zahlungssperre anerkannt, aber nur für die Vorlegungsfrist bei Ansprüchen aus Inhaberpapieren zu Gunsten des Antragstellers[6].

Wenn somit auch im B.G.B. eine recht stattliche Anzahl von Befristungen eine Hemmung zulassen, so ist doch auch hier, wie bereits hervorgehoben, die Befristung prinzipiell nicht hemmbar. So ist, um einige Beispiele anzuführen, die vom Antragenden zu bestimmende Frist, in der die Annahme eines Antrags erfolgen kann, nicht hemmbar[7],

1) vgl. § 802.
2) vgl. § 1002.
3) vgl. § 1571.
4) vgl. § 1944.
5) vgl. §§ 1996, 1997.
6) vgl. § 802.
7) vgl. § 148.

ferner nicht die einjährige Frist, nach deren Ablauf der Finder nach Anzeige des Fundes das Eigentum an der Fundsache erwirbt, falls dem Finder nicht vorher ein Empfangsberechtigter bekannt geworden ist oder falls dieser nicht sein Recht bei der Polizeibehörde angemeldet hat[1]).

Schärfer zeigt sich der Gegensatz zwischen Verjährung und Befristung bei der Frage nach der Unterbrechbarkeit des „Laufes der bestimmten Zeit". Da nämlich im B.G.B. in keinem einzigen Falle von einer Ausdehnung der diesbezüglichen Grundsätze der Verjährung auf die Befristung die Rede ist, so muss uns der Begriff aushelfen; aus ihm müssen wir die betreffenden Regeln entnehmen. Diese Folgerung haben wir nun bereits früher[2]) gezogen. Weder die Anerkennungsakte noch die Klage und ihre Surrogate sind im stande, auf die Befristung eine unterbrechende Wirkung auszuüben. Geschieht die betreffende Handlung, die allerdings in der Klage oder einer gerichtlichen oder aussergerichtlichen Erklärung bestehen kann, nicht in der zur Vornahme derselben bestimmten Zeit, so läuft die Frist ab, und das Recht oder die Befugnis erlöschen. Wird dagegen die betreffende Handlung vorgenommen, so wird die Frist gewahrt, und das Recht wird ins Leben gerufen oder besteht fort. Ist infolge der Klageerhebung ein Anspruch rechtskräftig festgestellt, so entsteht dadurch ein neuer auf die rechtskräftige Feststellung sich gründender Anspruch, der nach § 218 der dreissigjährigen Verjährung unterliegt.

Was endlich die Möglichkeit einer vertragsmässigen Aenderung der Frist anbelangt, so können wir auch hier mangels irgend einer diesbezüglichen Bestimmung unseres Gesetzbuches auf § 9 unserer Abhandlung zurückverweisen, wo wir bereits dargelegt haben, dass bei der Befristung sowohl die gänzliche Ausschliessung wie die Verlängerung oder Abkürzung durch Vertrag der Parteien zulässig ist mit Ausnahme derjenigen Fristen, deren Einhaltung im öffentlichen oder staatlichen Interesse liegt; bei letzteren

1) vgl. § 973.
2) s. o. S. 20ff.

ist die vertragsmässige Ausschliessung oder Verlängerung unzulässig. So würde der Gültigkeit der Aenderung der dreissigjährigen Frist, binnen der eine Willenserklärung aus verschiedenen Gründen angefochten werden kann, nichts im Wege stehen[1]), während andrerseits die sechsmonatige Frist, in der jeder Ehegatte die Ehe anfechten kann, weil er erfahren hat, dass der für tot erklärte Ehegatte seines Ehegatten aus einer früheren Ehe noch lebt, jede Gültigkeit versagt werden müsste[2]).

Gehen wir nun wieder zu dem „Ablaufe der bestimmten Zeit[3])“ über und wenden wir uns dabei zunächst wieder der Frage zu, ob der Richter die Verjährung von Amtswegen zu berücksichtigen hat oder ob sie ope exceptionis geltend zu machen ist und weiterhin der Frage, die mit der angegebenen im engsten Zusammenhange steht, ob nämlich die Partei nach dem Eintritt des Ablaufs der bestimmten Zeit auf die Geltendmachung desselben gültig verzichten kann, so bestimmt § 222, 1 ausdrücklich: „Nach der Vollendung der Verjährung ist der Verpflichtete berechtigt, die Leistung zu verweigern.“ Die Verjährung erzeugt also eine peremtorische Einrede, der ebenso wie allen anderen peremtorischen Einreden eine Berücksichtigung von seiten des Richters nur dann zu teil werden kann, wenn der Verpflichtete sie geltend macht, und auf deren Geltendmachung andrerseits die berechtigte Partei mit rechtlicher Wirkung verzichten kann. So sagen auch die Motive[4]) „Eines besonderen Hinweises auf die Verzichtbarkeit sowie darauf, dass der Richter die Verjährung nicht von Amtswegen zu berücksichtigen hat, bedarf es nicht, weil die rechtliche Natur der Einrede beides von selbst mit sich bringt.“

Was nunmehr die Folgen des Ablaufs anbelangt, so haben wir auch hier wieder zwischen dinglichen und persön-

---

1) vgl. § 121.

2) vgl. § 1350.

3) vgl. Inhaltsverzeichnis.

4) S. 342.

lichen Ansprüchen zu unterscheiden. Die dinglichen Rechte enthalten eine zahllose Menge von Ansprüchen in sich, beispielsweise kann der Eigentümer eines Grundstücks sein Eigentumsrecht gegen jedermann geltend machen, er kann jede Besitzstörung verbieten sowie sein entzogenes Eigentum von jedem unberechtigten Besitzer zurückverlangen. Unser Gesetzbuch kennt nun, wie schon häufiger hervorgehoben, im Anklang an die römische Verjährung der actiones nur die Anspruchs-Verjährung, nicht hingegen eine Verjährung der Rechte, daher zieht die Verjährung des Anspruchs nicht auch den Untergang des Rechts mit sich. Diese Regel hat unser Gesetzbuch allerdings in drei Fällen durchbrochen, nämlich einmal erlischt ein Recht an einem fremden Grundstücke, wenn es im Grundbuch mit Unrecht gelöscht und der Anspruch des Berechtigten gegen den Eigentümer verjährt ist, ebenso ein kraft Gesetzes entstandenes Recht an einem fremden Grundstücke, das nicht in das Grundbuch eingetragen ist[1]). Ferner geht die Servitut an einem Grundstücke völlig unter, wenn der Eigentümer des belasteten Grundstücks auf diesem eine die Servitut störende Anlage hergestellt hat und der Anspruch des Berechtigten auf Beseitigung der störenden Anlage verjährt ist[2]). Endlich erlöschen mit dem Erwerbe des Eigentums durch Ersitzung die an der Sache vor dem Erwerbe des Eigenbesitzes begründeten Rechte Dritter, es sei denn, dass der Eigenbesitzer bei dem Erwerbe des Eigenbesitzes in Ansehung dieser Rechte nicht in gutem Glauben ist oder ihr Bestehen später erfährt[3]).

Bezüglich der persönlichen Ansprüche fragt es sich wieder, ob der Anspruch infolge der Verjährung völlig untergeht oder ob eine Naturalobligation zurückbleibt. Das B.G.B. stellt sich auf den Standpunkt der „stärkeren Wirkung“ der Verjährung persönlicher Ansprüche, sodass es dem verjährten Anspruche die klage- wie einredeweise Geltendmachung versagt. Allerdings macht es der gegnerischen

---

1) vgl. § 901.
2) vgl. § 1028.
3) vgl. § 945.

Ansicht eine Reihe von Konzessionen. So kann nach § 222, 2 das trotz der Verjährung des Anspruchs sei es mit oder ohne Kenntnis derselben Geleistete nicht mit der condictio indebiti zurückgefordert werden, es wird also auch hier die trotz der Verjährung erfolgte Zahlung nicht als Schenkung betrachtet; ebenso kann auch der Verpflichtete, der trotz eingetretener Verjährung des Anspruchs denselben anerkennt oder für denselben Sicherheit stellt, diese Akte durch Berufung auf die Verjährung des Anspruchs nicht anfechten. Ferner ist nach § 223 die Verjährung eines Anspruchs, zu dessen Sicherung eine Hypothek oder ein Pfandrecht bestellt ist, nicht im stande, dem Berechtigten die Befriedigung aus dem verhafteten Gegenstande zu versagen; ist zur Sicherung des Anspruchs ein Recht übertragen worden, so kann der Verpflichtete nicht infolge der Verjährung des Anspruchs die Rückübertragung seines Rechts fordern; es darf sich aber in diesen Fällen nicht um Ansprüche handeln, die auf Rückstände von Zinsen oder anderen wiederkehrenden Leistungen gerichtet sind. Nach § 390 kann eine Forderung, trotzdem sie verjährt ist, aufgerechnet werden, wenn die verjährte Forderung zu der Zeit, zu welcher sie gegen die andere Forderung aufgerechnet werden konnte, noch nicht verjährt war.

Ganz anders wirkt der „Ablauf der bestimmten Zeit" auf die Befristung, da aus dem ganzen Wesen und Zweck derselben klar hervorgeht, dass einmal der Richter den Lauf resp. Ablauf der Frist von Amtswegen zu berücksichtigen hat, dass ferner der Gegner wenigstens bei Fristen, deren Einhaltung im öffentlichen Interesse liegt, nicht in der Lage ist, auf die Geltendmachung des Ablaufs der Frist gültig zu verzichten. Wenn demnach beispielsweise im § 1571 bestimmt ist, dass die Ehescheidungsklage ausgeschlossen ist, wenn seit dem Eintritt des Scheidungsgrundes zehn Jahre verflossen sind, so hat der Richter die Klage, die sich auf einen Scheidungsgrund stützen würde, der mehr als zehn Jahre zurücklüge, von Amtswegen abzuweisen.

Bezüglich der Folgen des Ablaufs unterliegen der Befristung im Gegensatz zur Verjährung keine Ansprüche, sondern Rechte. Diese erlöschen mit Ablauf der Frist gänzlich, ohne dass irgend ein Residuum zurückbleibt[1]).

Im gemeinen Recht wie im preussischen Landrecht haben wir noch einen weiteren Unterschied zwischen unseren beiden Rechtsinstituten zu konstatieren gehabt, insofern als bei der Verjährung der Präscribent, dem die Verjährung zu gute kommt, in bona fide sein musste, während von diesem Erfordernis bei der Befristung keine Rede sein konnte. Dieser Untersuchung sind wir hier völlig enthoben, da das B.G.B. keine bona fides des Präscribenten erfordert, wie aus dem gänzlichen Schweigen des Gesetzes zu schliessen ist.

Wir haben somit auch für das B.G.B. eine Reihe von wesentlichen Unterschieden zwischen Verjährung und Befristung festgestellt, die uns die richtige Subsumtion einer zweifelhaften Bestimmung unter den betreffenden Begriff leicht ermöglichen. Es lässt sich nicht verkennen, dass unser zukünftiges Gesetzbuch auch bezüglich unseres im bisherigen Rechte höchst unklaren und viel umstrittenen Problems klärend gewirkt und dasselbe glücklich gelöst hat.

1) Das B.G.B. kennt einen Fall einer Anspruchs-Befristung, vgl. § 864; aber auch in diesem Falle geht der Anspruch, wenn er in der Frist nicht geltend gemacht ist, völlig zu Grunde.

www.ingramcontent.com/pod-product-compliance
Lightning Source LLC
LaVergne TN
LVHW051633071026
849535LV00009BA/3565
* 9 7 8 1 0 2 3 9 3 6 7 1 2 *